Reginald
1. 3. 97

POUR EN FINIR AVEC LES PSY

Michel Trudeau

POUR EN FINIR AVEC LES PSY

Boréal

Les Éditions du Boréal sont inscrites au Programme de subvention du Conseil des Arts du Canada.

Conception : Gianni Caccia
Graphisme : Gérard

Dépôt légal : 2e trimestre 1995
Bibliothèque nationale du Québec

Diffusion au Canada : Dimedia
Distribution et diffusion en Europe : Les Éditions du Seuil

Données de catalogage avant publication (Canada)

Trudeau, Michel, 1956-

Pour en finir avec les psy

(Collection Pour en finir avec)

Comprend des références bibliographiques.

ISBN 2-89052-683-6

1. Psychanalyse et culture. 2. Civilisation occidentale - Aspect psychologique. 3. Psychologie. 4. Psychothérapie. I. Titre. II. Collection.

BF175.4.C84T78 1995 150.19 C95-940506-2

À celle à qui je pense, à elle seulement...

Psychopathologie : si une personne se porte comme un charme, le meilleur traitement c'est de lui expliquer de quoi elle souffre.

KARL KRAUSS, *Die Fackel.*

Si vous pouviez vraiment accepter que vous n'alliez pas bien, vous pourriez arrêter de prouver que vous alliez bien. Si vous pouviez arrêter de prouver que vous alliez bien, vous pourriez comprendre que ce n'était pas grave de ne pas aller bien. Si vous pouviez comprendre que ce n'était pas grave de ne pas aller bien, vous pourriez comprendre que vous alliez bien à votre manière. Ça va, pigé ?

WERNER EHRARD, *Brochure.*

Prologue

Culture : ensemble des formes acquises de comportement, dans les sociétés humaines.
Le Petit Robert.

Culture psy : ensemble des images et des comportements révélateurs d'un réflexe de décodage de la réalité essentiellement fondé sur le psychologisme.

Idéologie psy : ensemble des idées, des croyances et des doctrines propres à la cause de l'écologie mentale, elle-même caractérisée par une quête artificielle de pureté et de propreté dans les intentions et les sentiments.

En cette époque où l'irrationnel a bonne presse, les méthodes douces sont devenues des drogues dures. Impossible de s'en passer. C'est l'héroïne de la fin du siècle. En surfant sur la métaphore, les bachibouzouks de la toute-puissance de l'esprit réussissent à nous imposer les mantras caressants de l'introspection. L'intermède rationaliste aura été court dans la propagation des modes de pensée. Et c'est avec force, dans les apparences trompeuses d'une rigueur de pacotille, que l'animisme et la superstition sont aujourd'hui de retour. Par la grande porte de l'humanisme. Avec le soutien du psychologisme.

Autoguérison, courrier du cœur, chronique de santé psychologique, qualité totale, médiation familiale, divan, scientologie, psychosomatique, shape-up médiatique, intelligence artificielle, visualisation sportive, communication subliminale, performance sexuelle, relation de couple, biorythme, dangerosité des médias, pédagogie, techniques d'entrevue, croissance personnelle, affirmation de soi, rectitude politique, conditionnement, *cocooning,* comportement boursier, inconscient, désinformation, négociation, aphrodisiaque, prémonition, hypnose, gestion participative, ressourcement, psychotest, etc.

Par une intempestive pirouette, et en cent ans à peine, les sociétés occidentales sont passées du primat du réalisme scientifique et de l'efficacité technique à celui de la recherche spirituelle et de la connaissance de soi. Au tournant de la Seconde Guerre mondiale, la «chaleur» de l'introspection succède à l'aridité de la preuve scientifique. À la fin du XXe siècle, dans la dernière décennie en particulier, l'idéologie psy culmine dans toute la vanité de son projet: trouver le bonheur dans l'inlassable auscultation de l'intériorité. L'irrationnel ne fait plus scandale. On y croirait presque. Le verbiage éternel de ses espaces infinis est effrayant.

L'idéologie psy fonde une culture. Avec l'éclipse du pouvoir religieux dans les universités, l'obligation de subordonner la connaissance vérifiable à la croyance intime aurait dû graduellement disparaître. L'inverse s'est produit. Freud prétendait que la psy constituait le troisième grand choc narcissique de l'humanité, après l'évolutionnisme de Darwin et l'astronomie copernicienne, car elle réduisait l'être humain à la dimension de ses pulsions. C'est plutôt une culture de glorification de la masturbation psychique qui a vu le jour dans le développement de toutes les psychologies, quelles qu'elles soient. La psy a instauré l'intrusion d'un personnalisme excessif dans une nouvelle vision du monde. Elle allait ensuite rater le carrefour des grandes évolutions en devenant le catalyseur de l'autoaliénation consentie. La médecine de l'âme était née.

L'humanité est fascinée par elle-même, narcissiquement, et les psy en ont profité pour propager leur culture. Ils ont contaminé les mœurs avec leurs brouillons scientifiques, en troquant le glaive de la recherche contre le goupillon de la profession. Cette culture s'est alors répandue dans notre façon de lire le monde et de l'interpréter, dans la manière de nous vêtir, dans les articulations de la langue, dans les mots et dans les inflexions, dans le regard que nous portons sur les autres, dans les croyances. Le péché, aujourd'hui, c'est de manquer de psychologie, d'écoute, de résonance affective ou de disponibilité émotive. Et, dans la vie quotidienne, ces formes acquises de comportement qui nous affligent sont inlassablement répercutées par l'information et le divertissement. En ce sens, les médias jouent leur rôle. Ils nous révèlent à nous-mêmes, tant par la nature des propos et des images qu'ils rapportent que par la forme du discours qu'ils propagent.

La culture psy est un trou noir qui avale toutes les cultures. Elle est le résultat d'une nausée profonde à l'égard des idéaux matérialistes, mais elle est surtout la récupération et le désamorçage de toutes les révoltes à l'égard des emmerdements de la vie. Elle traduit l'enfermement de l'Occident dans la procrastination, la mort d'un vieux monde gisant dans le marasme de la peur de l'engagement et de l'affirmation collective. La culture psy est populaire. Elle résonne dans le nom des personnes, chez les ténors de la psy-pop, ces vulgarisateurs attentifs, ces bienfaisants interprètes de la misérable condition humaine.

L'amour de Janette Bertrand, la communication de Jacques Salomé, l'Enfant-Roi de Mme la juge Ruffo, les neuf vies de Jacques Languirand, le papa-tam-tam de Guy Corneau, l'autoroute de Scott Peck, le blabla de Claire Lamarche, les capsules santé du Dr Alain Poirier, l'éducation populaire de Lise Payette, la mafia médicale de Guylaine Lanctôt, le tantrisme-business de Raoul Duguay, les « pohésies » de Khalil Gibran, les préjugés de Solange Harvey, le nombril de Lise Bourbeau, etc.

Ceux-là sont les moins dangereux du lot. La psy-pop est un bâtard de la psy officielle, celle des patentés, des professionnels de la psy. Ce sont eux les vrais propagateurs de cette idéologie. Du haut de leur prétendue compétence, ils ont développé leur profession à l'aide d'une connaissance fragmentaire, invérifiable, qu'ils dotent prématurément du nom de science. Ils sont en conflit d'intérêts perpétuel entre leur obligation de protéger la population et leur envie de s'arroger l'exclusivité d'une lucrative activité professionnelle.

Les « vrais » psy ont besoin d'espace, de beaux problèmes et de fric. En 1972, 887 psychologues professionnels au Québec seulement, en 1980, 2397, en 1987, 4030, en 1994, 5763. Le ratio national est passé d'un psy pour 6000 citoyens à un pour 1200. Si la tendance se maintient, dans un avenir pas très lointain, on atteindra le 1 %. Ces gens-là cherchent des puces, ou des « bibites », comme l'a déjà dit très clairement la publicité de l'Ordre des psychologues du Québec. C'est normal. Faut bien vivre. Et c'est sans compter tous les autres corps professionnels, psychiatres y compris, qui œuvrent dans le même domaine.

En tant que psy, je me sens moi-même responsable du délabrement collectif créé par l'idéologie que j'alimente de par ma fonction sociale. Donc, pour combattre l'inoculation de cette idéologie, je formule, en dernière analyse et en cette triste époque, une seule et honnête prescription :

Trahissez votre psy : devenez fou !

1

Hors de la psy, point de salut !

Il y a des expressions qui m'arrachent la gueule : « ça m'interpelle », « je me questionne », « veux-tu m'accueillir là-dedans ? ». Sans compter les vocables assassins qui, la plupart du temps entre le dessert et le café, tombent à plat sur la table comme la misère sur le pauvre monde : le « vécu » intérieur, l'« écoute active », la « ventilation » des émotions. Et comme le discours populaire est le plus exact reflet de la culture dominante, la propagation de ces expressions signifie que la culture des psy nous envahit.

De la psy universitaire naquit la psy professionnelle. En se popularisant comme activité économique, cette dernière a ensuite semé à tous les vents du champ social une culture proprement psy. Cette culture s'est finalement consolidée dans une idéologie, un mode de penser. C'est précisément cette idéologie qui forge une véritable religion et soutient une industrie prospère. Pas un imprimé qui n'ait sa petite chronique de conseils, son psychotest ou son article de fond sur l'inconscient collectif. Pas une télévision qui n'ait son psy-show, son psychodrame, son parle-parle, son jase-jase. Pas une journée sans qu'on analyse, qu'on fouille ou qu'on tripatouille les émotions de la bête humaine en train de s'éclater dans une orgie de communication. On n'a jamais été aussi parent efficace, aussi prof à l'écoute, aussi patron humaniste, aussi amant sensuel qu'en ce moment. Pas moyen d'ouvrir la télé sans apercevoir la mine béate et radieuse des humanistes contrits en train de s'embrasser et d'expliquer leurs émotions à qui mieux mieux. L'idéologie psy, c'est l'individu « bien-sous-tous-rapports » lançant le cri de ralliement de l'empathie universelle : Vive l'amour en vrac ! Vive l'authenticité ! Vive l'hégémonie des psy !

L'idéologie psy, c'est tout ce qui, dans notre société, se réclame des psy pour donner une légitimité, une raison d'être, voire une justification scientifique à la rectitude des mœurs et des passions. Il s'agit du plus infâme détournement de la volonté d'être libre qu'on ait connu depuis l'invention de la liberté. C'est l'intériorité kidnappée du révolutionnaire déçu par l'échec des mouvements collectifs. C'est l'autosuggestion positive d'un baby-boomer qui vieillit mal, plus mal que ses parents. L'idéologie psy, c'est l'homme moderne incapable de se supporter lui-même dans les ratages de ses rébellions lyriques.

Le couple qui scrute la mécanique de son amour, la télévision qui enseigne les bons sentiments, l'enfant qu'on dresse sanitairement, l'athlète qui ventile l'angoisse de la performance, l'homme d'affaires qui bluffe l'humanisation du capital, le juge qui ne jure que par les rapports psychologiques : voilà la culture psy. Elle se résume à un seul et unique credo : tout jugement personnel n'est complet et sincère, quels que soient sa portée et son objectif, que dans la marge étroite du psychologisme. L'idéologie psy met l'accent sur la façon de faire les choses et sur celle de les dire, plutôt que sur la liberté d'être et de penser. Comme mode de l'hygiène mentale, elle impose des formes de pensée et de comportement, d'ailleurs totalement hétéroclites quant à leurs fondements, en insistant sur le danger de s'en écarter. Cette certitude s'impose et modifie nos habitudes. Elle perturbe également nos attitudes. Elle fait de nous des aliénés.

Chaque fois que nous tentons de négocier avec notre mal de vivre en allant en psychothérapie, nous privons le champ politique de sa semence (James Hillman, *New Age Journal*, juin 1992).

Par les temps qui courent, la connaissance de soi est un préalable pour entrer dans le club de la Béatitude collective! Aristote joue de l'écolo-cithare. Ça promet pour le post-nouvel-âge. Les bonnes intentions priment. Il y a la bonne et la mauvaise humeur, le bon et le mauvais amour, le bon et le mauvais désir. Ce n'est plus l'homme social qui, dans ses actes, se fait bon ou mauvais aux yeux des autres. C'est l'homme intérieur qui, par la teneur de ses émotions, se jugera lui-même ou adéquat ou incorrect. La profondeur de son autoconfession démontrera son ouverture, sa sociabilité, sa bonté intime. Le lieu de la conscience politique s'est ainsi déplacé de l'agora, de l'assemblée du peuple aux replis du cerveau, à l'hypothalamus et à l'ego. Selon l'idéologie psy, tout conflit doit absolument déboucher sur un consensus, sur une «construction» de la relation, sur un «ailleurs du lien» à définir. La peste psy ne tue pas tout le monde, mais tout le monde en est atteint à différents degrés. Véritable phénomène de société, la culture psy nous donne l'illusion de comprendre et de maîtriser l'effarant emballement du monde moderne. Si nous ne questionnons pas notre «intérieur», nous prenons des risques. Si nous ne communiquons pas, nous avons un blocage. Si nous nous laissons aller, nous perdons les pédales. L'idéologie psy n'est pas le résultat, elle est plutôt le creuset de la *political correctness.*

> On assiste à l'émergence d'un nouveau type d'homme : la petite nature promue au rang de héros, c'est-à-dire l'homme protégé – protégé contre le harcèlement sexuel, contre la pornographie, contre la langue anglaise, contre les fumeurs, contre la maladie, contre la vitesse sur les routes, contre la discrimination, contre la littérature haineuse, contre les idées politiquement incorrectes, et contre lui-même. J'ajouterais qu'il est de moins en moins, et ceci est la conséquence de cela, protégé contre ses protecteurs. Il est aussi de moins en moins bien protégé contre la violence des vrais crimes... (Pierre Lemieux, *La Presse,* avril 1993.)

Dans les années 90, tout le monde a ses petites manies psy. Difficile de vivre sans son bouquin de recettes de bonheur, ses week-ends de *rebirth,* son consultant, son forum télévisé, son psychanalyste, sa chronique de psychologie du sport, ses prévisions astrologiques, sa nouvelle commentée, son témoignage d'expert. La culture psy est de plus en plus présente en politique, dans le sport, en administration, au tribunal, dans notre chambre à coucher. Elle nous accompagne au petit déjeuner et nous borde dans notre lit. Là où les revues spécialisées ont remplacé le recueil de prières, l'observation du langage non verbal a succédé au chapelet en famille. Toutes les télévisions du monde occidental reflètent la culture psy et ses navrants credos.

Ce spectacle culturel sert de support marchand à l'industrie du mensonge. Mensonge sur la mécanisation de la vie. Mensonge sur l'urgent besoin de contrôler l'évolution démente des masses sociales. Mensonge sur la violence et sur l'amour. Mensonge sur la réduction du désir au simple besoin. En tant que tel, le stratagème n'est pas nouveau. Ce qui l'est, c'est la soutien de l'individu à l'État comme agent de cette aliénation. Ce qui l'est, c'est qu'on s'emmerde très bien soi-même, sans le soutien délicat du totalitarisme institué. C'est l'époque du fascisme intégré au libre arbitre. Je me surveille, donc je suis.

Selon les nouveaux fidèles de l'écoute active, rien n'est plus agréable que d'examiner faits et gestes, à perpétuité ; il en découlerait, fatalement, du plaisir. Ne nous le cachons pas, le réflexe du bonheur part dans un tout autre sens. C'est l'inconscience, l'ignorance, le silence sur nos défauts. La béatitude, c'est de pouvoir emmerder nos congénères sans avoir à rendre de comptes. La joie de vivre, c'est finalement la possibilité de faire sauter quelques fusibles chez ceux qu'on aime bien, et, de préférence, sans sentiment de culpabilité ni représailles.

Ce que les psy présentent comme une voie (une voix ?) vers le bonheur est une supercherie qui consiste à nous dépeindre l'adaptation à la société comme une source de plaisir. Pour eux, le paradis, c'est l'interaction ! Vraiment ? À force de prétendre mettre de l'ordre dans nos cerveaux, la psychocratie nous habitue à penser que la vie se résume à quelques formules incantatoires et que le *nec plus ultra* du bonheur réside dans une interprétation résonnante du fameux « vécu » affectif.

Ras le bol de la culture psy ! Elle est partout. Par ses émissaires, elle envahit les bungalows, à la recherche de notre enfant intérieur. Ils se présentent comme les ultimes législateurs de nos plaisirs, de nos vices, de nos amours, de nos pensées et de nos humeurs. Les psy ont une opinion sur tout. Ils savent tout. Ils comprennent tout. Ils s'instituent spécialistes de l'humanité pour avoir priorité de discours en la matière. Seule science humaine ayant débordé jusqu'à la clinique, jusqu'à l'introduction d'une pratique thérapeutique, la psy devient graduellement l'unique discours crédible sur l'humanité et l'intériorité. Mais il s'agit le plus souvent d'un discours creux, d'une langue de bois. Cette « parole », comme disent les psy, construit d'ores et déjà toutes les autres formes de réflexions.

Les psy sont omniprésents, mais rarement offrent-ils des solutions précises aux problèmes de la vie quotidienne. Ils justifient leur rôle social par le simple fait qu'ils corrigeraient plus efficacement que quiconque nos manies inavouables et nos angoisses débordantes. Pourtant, au-delà de leurs querelles idéologiques qui n'intéressent personne, les psy passent sous silence leur relative inefficacité lorsqu'il s'agit de trouver des solutions ordinaires à des problèmes concrets. L'idéologie psy est une non-réponse à de vraies questions. Dans ce microscope, tout est toujours « extrêmement complexe », « tout à fait rare », « absolument hasardeux ». Les psy prescrivent avec verve mais ne guérissent rien. Ce sont les Dr Knock des temps modernes ; à l'instar du personnage de Jules Romains, ils crient à pleins poumons que « tout homme bien portant est un malade qui s'ignore ». Ce sont les tartufes de la chose mentale, les pâtissiers de la logique renversée aux ananas. Ils ont l'impertinence de donner le nom de science, comme le dit Molière, à des choses que l'on ne doit même pas honorer du nom d'art.

Mais à quoi servent-ils donc, tous ces psy et la culture qu'ils propagent, sinon à perpétuer notre propension séculaire à nous autoflageller en public ? Dans l'intimité du confessionnal, la mortification avait quelque chose de moins tapageur. Nos nouvelles lubies individuelles se développent maintenant par contagion en utilisant toutes les ressources du village global.

Sitôt largués les vicaires, voilà que nous nous laissons envahir par le supposé vide spirituel. Nous nous lançons à cœur perdu dans l'évacuation des bris de communication par la parole régénérante. L'effet est le même : l'apaisement de la honte d'être banalement humain. Pourtant, nous lui devons bien la vie, voire la survie, à notre grand fond détestable, égoïste et hostile.

Dans *Faites vous-mêmes votre propre malheur*, le psychologue américain Paul Watzlawick met en évidence l'un des mécanismes à la source de l'idéologie psy, soit l'inertie de la misère psychologique, ainsi que son caractère paradoxal et nécessaire à l'entretien des systèmes personnels de croyances. Le gourou californien des effets de la communication interpersonnelle met le doigt sur l'existence du problème, mais non pas sur son essence. Façon psy de relancer le fameux « l'enfer, c'est les autres » de Sartre. Watzlawick n'a vu qu'une partie du problème. L'enfer, c'est plus que l'autre. C'est l'autre « en perpétuel contact avec ses émotions ». L'autre qui veut se faire entendre. L'autre qui a si bien assimilé les exigences de l'idéologie psy qu'il ne peut absolument pas supporter un iota d'ambiguïté dans l'opinion qu'on a de lui. Et, pour peu que nous prêtions l'oreille à cet autre, s'ensuivront les différentes phases d'un enfoncement thérapeutique dans la culture psy, phases génératrices de la souffrance inhérente au désir de se changer pour le mieux. Selon l'idéologie ambiante, cette souffrance temporaire de la psychothérapie aurait une légitimité.

La culture psy est un phénomène assez particulier qui se développe et se propage en respectant des conditions bien définies. Le plus intéressant, c'est de voir comment, même si nous voulons lui résister, elle parvient à nous contaminer insidieusement et à parler par notre bouche. Nous assimilons le culte du moi béni sans aucun effort. Nous sentons la pression à communiquer même quand le sommeil nous assaille. Nous perdons quelque peu la maîtrise et ça nous tracasse à en perdre l'appétit. Lorsque les mots pour le dire font défaut, la folie est proche !

Les psy apprennent dans leurs écoles deux choses apparemment essentielles : écouter et parler. Mais ils écoutent pour mieux parler, parfois sans entendre ce qu'on leur dit. Et ils se taisent pour faire parler. Les psy ne sont rien d'autre que des professionnels de la parole et de l'argumentation. Le plus fascinant dans leur technique, c'est cette façon de dire les choses et celle de les taire.

Le psy s'impose par la rhétorique, c'est-à-dire par un art du débat. C'est tout. Quand la connivence et la familiarité ne suffisent plus, il invente des voies de dérapage comme l'inconscient (ce que tu dis cache quelque chose que tu ignores), comme la pureté (ce dont tu souffres concerne ta difficulté à intégrer ta part mauvaise pour produire quelque chose de bon), comme la puissance (ton malaise dépend de ton ignorance à propos de l'être et des possibilités inestimables qui se cachent en toi). L'ignorance, la pureté et la puissance sont les moteurs de l'influence psy.

La société souffre de deux ordres psy, différents quant à leur statut, mais complémentaires quant à leurs méfaits : l'officiel et le « pop ».

Le premier groupe est l'ordre reconnu des psychologues, lesquels développent la science psychologique, et celui des psychiatres, des médecins soignant l'esprit par le corps, ou l'inverse, quand ça leur dit. Ce groupe comprend aussi tous les rejetons professionnels de la psychologie et de la psychiatrie : travailleurs sociaux, criminologues, spécialistes en relations industrielles, ergothérapeutes, médiateurs familiaux, etc. Tout ce beau monde peut faire de la psychanalyse, ou une autre spécialité, s'il répond aux exigences de divers instituts, le plus reconnu étant sans doute celui qui relève de l'Association psychanalytique internationale, filiation directe de l'aristocratie freudienne. Les psy du groupe officiel jouissent du prestige de la compétence reconnue parce qu'ils se soumettent à des examens contrôlés par des organismes régis par l'État.

Les psy officiels sont les gardes-chiourme du débordement idéologique. Patauger dans la sauce de l'irrationnel et de la contradiction n'est pas l'apanage du gourou. La preuve? Tel psy pense que l'efficacité et le retour de l'investissement exigé par le patient perturbe le processus thérapeutique. Tel autre admet qu'il y a décalage entre l'image du psy et la réalité des faits. Tel autre, enfin, se plaint du marché libre qui menace son gagne-pain. Il faut toutefois leur concéder une chose: la candeur. Lu dans *Psychologie Québec,* l'organe officiel de l'Ordre des psychologues:

> [...] C'est possible [de vivre de la pratique de la psychothérapie], mais c'est de plus en plus difficile parce qu'il y a beaucoup de pressions sociales et on comprend de moins en moins ce qu'est une démarche thérapeutique. Les gens exigent une efficacité rapide et les critères d'argent entrent en ligne de compte, ce qui rend difficiles les conditions de démarches thérapeutiques (François Sauvé, psychologue de Montréal).

> [...] Pourquoi la psychothérapie est aussi difficile à cerner, à définir et à publiciser? Pour les psychothérapeutes, pourquoi est-ce aussi difficile de s'avancer socialement en affichant ce qu'on est, ce qu'on pense qu'on fait? (Francine Poulain, psychologue de Belœil.)

> [...] Il y a beaucoup de groupes de croissance personnelle. Ça empiète sur le marché des psychologues (Lynn Paradis, psychologue de Montréal).

Quant au groupe de la psy-pop, ceux que les psy du premier groupe appellent parfois les « charlatans », ils peuvent posséder toutes sortes de formations, toutes aussi hétéroclites et fumantes les unes que les autres, du simple gourou au phrénologue, du graphologue au cartomancien. Pourtant, chaque jour, des psy reconnus ayant traversé le cursus obligatoire jouent à la psy-pop ; ce phénomène embrouille le jugement du néophyte face à l'univers singulier, mais pluriel, des fouilleurs d'âmes. Jusqu'au moment où le psy patenté traverse le seuil de l'intolérable.

> L'Ordre [des psychologues] reproche au psychologue [Daniel Chabot], par ailleurs président canadien du mouvement raélien, d'avoir eu recours à une affirmation exagérée et revêtant un caractère purement sensationnel en se prononçant en faveur des bienfaits de la masturbation et de la recherche solitaire du plaisir sexuel (*La Presse,* 26 janvier 1995).

Se branler fait du bien ; tout le monde sait ça. Chabot n'est pas le premier ni le seul à payer pour l'avoir dit. Les Américains ont démis le premier médecin du pays pour les mêmes motifs. Le dicton prétend pourtant que se masturber rend sourd. C'est peut-être pour ça que les grands branleurs crient si fort quand ils prennent le micro. Un psychologue dur d'oreille, c'est sensationnel, en effet. Mais cette saga, outre la belle publicité qu'elle fait à Raël lui-même, cache autre chose. Elle dissimule l'incapacité de l'Ordre des psychologues de ne pas afficher ses contradictions dans la mise en œuvre de ses sanctions. Elle tait la vraie question, celle qu'on doit poser à l'institution : comment Chabot a-t-il pu devenir psychologue ?

La psy-pop est révélatrice bien davantage qu'instigatrice de l'idéologie psy. Ses promoteurs sont aussi inoffensifs que marginaux. Ils ont même une utilité, soit celle de montrer que la tentation de l'irrationnel n'est pas la chasse gardée du pitre. En répandant magies et superstitions, la psy-pop met en lumière une terrible réalité: la culture psy s'incruste au point de rendre rentable la prolifération d'une cohorte de farceurs. Et le contrôle professionnel des psy patentés est une comédie qui ne doit tromper personne, dans la mesure où elle joue, légaliste, une partie qui commence ailleurs, c'est-à-dire dans la juste clarification des préceptes de la connaissance. Et la psychologie est une science embryonnaire qui peut tout juste permettre, sur le plan de l'intervention, le charlatanisme, patenté ou non, puisqu'elle n'est encore que la réunion plus ou moins réussie d'écoles antagonistes. La différence est énorme entre les conventions juridiques qui instituent les professions et leurs règles et la réalité scientifique d'une pratique. On ne peut pas assimiler l'une aux autres.

Par un juste retour des choses, la culture psy contamine aussi le cénacle des psy officiels. Devenir psy, c'est adhérer au mentalisme psy. Le psy est ce dont il parle, alors qu'on ne demande jamais au physicien de devenir cosmique, au chimiste d'avoir l'air d'un acide, au biologiste de se faire cellule. Les psy n'ont donc ni capacité ni inclination à nous libérer de l'obsession de la pureté mentale. Sorte de dilemme ontologique, en somme. La culture psy envahit donc l'hôpital, l'école, le bureau, l'usine, le CLSC, là où le psy étale sa culture, comme la confiture du proverbe, souvent comme un curé prétentieux qui monte en chaire, là où l'on s'attendrait à plus de rigueur et d'humilité. À vrai dire, les psy sont désemparés, voire débordés de tous côtés par la culture psy ; c'est la raison pour laquelle certains d'entre eux réagissent avec un écœurement qu'ils dissimulent mal. L'avis du philosophe Georges Canguilhem frappe fort : la psychologie professionnelle est dans une large mesure une philosophie sans rigueur, une éthique sans exigence et une médecine sans contrôle. En résumé, la pseudo-science qui se cache derrière la culture psy attrape le nigaud comme le miel la fourmi.

Quant à la culture psy dans son ensemble, elle est l'effet du développement, au cours du dernier siècle, de la psychologie professionnelle et de la psychiatrie. Mais elle est beaucoup plus que cela. Elle caractérise notre époque d'après les grands combats soixante-huitards. Contrairement au beau rêve qui devait mettre la société au service des individus, la tendance actuelle est de réparer l'individu pour le mettre au service de la société en l'adaptant. Et il s'adapte pour se faire adopter, parce qu'il ne s'est jamais senti si seul. La culture psy est donc devenue plus importante que son embryon. Elle nous souffle nos derniers doutes. Ce faisant, elle pompe les ingrédients de tout ce qui fait l'intérêt de la vie, c'est-à-dire la surprise, le désordre, la spontanéité, le risque, le hasard, la passion. Elle met tout en mots. Elle simplifie et explique tout, laissant par là l'impression qu'elle est la seule à pouvoir parler de nos misères. Dans cet ordre de choses, les psy s'attaquent toujours à la petite misère et n'ont que très peu de solutions pour la grande.

Le psy regarde la vie par l'étroit lorgnon de ses raisonnements tortueux, principes qui n'ont d'autre but que de créer l'illusion de sa compétence et de son utilité. La culture psy a envahi le domaine public, mais le psy et sa symphonie de mièvrerie font des ravages à l'échelle privée. Le psy est un vampire de l'amour. Il sape les assises du couple de la façon la plus insidieuse qu'il soit possible d'imaginer : en imposant la réussite de l'amour. Le psy est voyeur et parle au nom de l'amour. Il a contaminé le fait, c'est-à-dire les sentiments, et le geste, c'est-à-dire la sexualité, comme personne n'avait pu le faire auparavant. Restent deux esseulés, devant la télé, qui regardent le docteur parler. Restent deux angoissés se touchant du bout des doigts, les pieds dans les plats. Le psy est l'ennemi de l'amour. L'idéologie psy est le fossoyeur du couple.

2

Le choc amoureux

Avant que la psy ne soit instituée en tant que profession et que les psy ne prolifèrent, l'amour était considéré comme le terrain cxclusif et inviolable de l'imprévisible. On se foutait peut-être des claques sur la gueule, mais on ne remettait pas en question l'organisation des élans du cœur. On a voulu régler le premier problème en introduisant le second. Et l'amour a été pris d'assaut. L'idéologie psy raye définitivement de la carte du Tendre le grand fantasme romantique en tant que tel pour le remplacer par l'efficacité amoureuse, par la communication, par la gestion des sentiments. Quand on en est là, on est au plus loin de l'amour. De toute évidence, on est à mille lieux de ce qui fait l'intérêt de l'amour, du moins selon Alberoni.

> Celui qui entre en amour vient d'un monde fait de règles, de certitudes, de voies tracées, d'interdictions. Sa vie se déroule tout entière selon les habitudes. Il agit, mais il ne sait plus... (Francesco Alberoni, *Le Choc amoureux*).

Si l'extraordinaire est une condition première de l'amour, l'ordinaire de la vie en est l'antithèse. Or, l'idéologie psy n'a qu'une seule et unique visée: propulser les amoureux le plus rapidement possible dans l'ordinaire, dans une mécanique des rapports où tout est prévisible, dans une absolue propreté des états d'âme. Dans cette perspective, les spécialistes du couple, qu'ils soient patentés ou pop, ont un même objectif, simple et uniforme: sauver le couple. C'est monstrueux. Exemple:

> Développer une relation écologique, ce sera aussi rechercher et trouver la bonne distance relationnelle – c'est-à-dire trouver à la fois l'espace, la distance, le temps et le rythme qui permettent au-delà de la rencontre de se trouver, de se reconnaître et de se respecter dans une croissance mutuelle (Jacques Salomé, *Parle-moi... j'ai des choses à te dire*).

Le caractère monstrueux de l'effet psy sur le couple vient de l'ambiance de prise en charge. Que le couple s'en remette au psy pour résoudre ses problèmes, ou qu'il applique les préceptes de l'idéologie psy dans l'organisation des échanges, le mal est le même. L'amour est un agent réactif et volatil qui ne répond bien qu'à la synthèse spontanée des différences. Dès qu'on introduit un corps étranger dans le mélange, dès que la réconciliation est un enjeu, un motif, tout fout le camp. Les couples en thérapie sont des naufragés qui n'en finissent plus de quitter le navire. C'est tout. Ils persévèrent au seuil de la rupture dans l'ennui englué.

L'idéologie psy met l'amour sous haute tension, sous haute surveillance aussi. Le couple s'auto-observe sans relâche. C'est ça, le pire. Quand on vit dans une société dominée par une idéologie qui laisse entendre que la propreté de l'esprit est un objectif en soi, on a peine à persévérer dans la simplicité de la sensation. L'amour se nourrit de l'imprévu ; le psy, de planification stratégique. L'incompatibilité est totale. La pire torture qui soit, dans le genre illustration de la chose, c'est bien *Scènes de la vie conjugale* du cinéaste suédois Ingmar Bergman. Film-culte du couple traversé par le rayonnement mortel de la culture psy, ce film expose le problème avec brio. Le trop-parler trahit le plus-rien-à-en-dire. La parole n'a jamais suppléé aux épanchements du cœur. La programmation des sentiments ne donne pas de très bons résultats. Illustrons :

Sur un terrain plus intime, Agnès et Robert se

soumirent à un processus de ventilation des blocages transpersonnels qui empoisonnaient leur couple. Après huit ans d'écoute active dirigée, les progrès furent manifestes. Ainsi, alors qu'elle s'apprêtait à se coucher, Agnès réussit à formuler pour son mari une demande chargée de sens:

– Mon amour, est-ce que, dans notre situation fortement déséquilibrée par des variations de fixation énergétique, la meilleure solution ne serait pas le divorce?

Ce à quoi Robert rétorqua:

– J'aime beaucoup ta façon d'exprimer aussi généreusement cette émotion difficile. J'appellerai mon avocat dès demain matin.

Agnès et Robert participèrent ensuite à un forum télévisé ayant pour thème « J'ai intégré ma haine pour mon conjoint » où ils firent un tabac, notamment lorsque Robert expliqua toute l'émotion ressentie, par lui, au moment où Agnès reconnut enfin que les baffes encaissées, par elle, n'étaient que les paroles sourdes du désarroi intime de son mari.

Lors d'une conférence organisée par l'Ordre des psychologues du Québec sur le thème de la vie à deux dans les années 90, le psychologue Gilles Vachon posa une question pertinente:

Pourquoi une femme traite-t-elle son mari qui a fait quelques réflexions «macho» dans une soirée de «gros écœurant sale» plutôt que de lui dire: «je me suis sentie humiliée»?

À mon avis, la réponse est simple: parce que son mari est, de toute évidence, un gros écœurant sale et qu'au stade où en sont rendus leurs rapports, elle n'en a plus rien à foutre. Tout ce qui reste entre eux est d'ordre économique ou social. Quelques enfants aussi, malheureusement. Mais de l'amour, jamais. Quelle manie écœurante que cet effort pour arrondir les angles de la conversation dans le couple ! Quelle insidieuse récupération de la sève amoureuse que cette injonction à se parler sucré ! Le couple dont l'amour est mort est le pain bénit du psy. On n'en sort pas.

> [Le couple doit] savoir passer du rêve à la réalité pour ne pas manquer son autobus... [...] Les films d'amour finissent [*sic*] là où les problèmes commencent (Gilles Vachon, propos rapportés par Yvon Lalande dans *Psychologie Québec,* novembre 1993).

C'est l'avis qu'étale le psy Vachon devant les membres de l'Ordre. C'est donc forcément crédible et sérieux. Selon lui, le couple devrait, dès le début de sa relation, déterminer l'itinéraire de son union et quelle sorte de véhicule il utilisera pour le trajet. Pas très romantique, mais réaliste en diable ! Et ça permettrait au couple de se ménager une vie plus harmonieuse. Tambouille indigeste ? Les psy pensent vraiment comme ça ? Oui. C'est triste, mais très instructif. Ça dit tout. Les psy voient le couple moderne comme un ajustement mécanique entre deux débiles profonds partis en voyage organisé. Le contraire de l'extraordinaire.

La gestion de l'ordinaire. On imagine à peine la catastrophe si le Zèbre du roman de Jardin, au lieu de carburer au désordre amoureux, s'était mis en tête de consulter son psy. Résultat prévisible : pas de roman.

> [...] Les spectateurs ont très bien répondu aux éléments de réflexion présentés par Gilles Vachon. « En plein dans le nœud [*sic*] », nous a confié ce jeune homme qui s'est empressé d'ajouter qu'il « commençait sa vie de couple » et que cela le faisait réfléchir. « Je me suis reconnu lorsqu'il a parlé de l'homme avec sa bière devant la télé dans son salon. » Et notre jeune homme de conclure : « J'me rends compte que la psychologie, c'est pas juste pour les fous ! » (Yvon Lalande, *Psychologie Québec,* novembre 1993.)

Oui, c'est un beau roman, c'est une belle histoire. L'idéologie psy en fait un mode d'emploi sur une bouteille de Raid, un prospectus d'entreprise, un kit de barbecue à assembler. Les psy sont rationnels comme des pompiers qui, devant l'incendie de la maison, s'ébaudissent de l'utilité de la cendre dans l'aménagement du potager. Ils passent outre à la règle élémentaire du désordre amoureux : on s'engueule quand on ne s'aime plus. C'est simple, mais ça ne rapporte pas beaucoup en honoraires pour les psy. Ou alors, si on s'aime encore et qu'on s'engueule quand même, on le fait en toute connaissance de cause, pour jouer, pour mêler les cartes. Tout le reste, c'est de la bouillie pour les chats. L'intérêt du psy demeure, là comme ailleurs, de nous faire croire que tout est extrêmement compliqué et qu'il est le seul à pouvoir dénouer chacun des fils de cette trame amoureuse. Pour ce faire, le psy accapare la Saint-Valentin, avec l'éminent concours de Pharmaprix et de La Prudentielle, comme en témoigne cette publicité d'une demi-page :

> S'équiper pour l'amour ! Une relation amoureuse ça se construit. Pour qu'elle soit solide, utilisons les bons outils. Sensibilité, communication, respect, l'expression des émotions sont autant d'outils et d'habiletés sociales nécessaires pour s'équiper pour l'amour (*Le Journal de Montréal,* février 1995).

Le couple ne consulte jamais le psy. C'est toujours un seul des deux ex-amoureux qui décide de faire traiter le couple. Soit parce qu'il est sur le point de partir et qu'il veut faire un ultime effort pour sauver la pension alimentaire, soit parce qu'il veut retenir l'autre en le culpabilisant. Les psy sont habiles pour culpabiliser. Oh ! jamais directement, bien sûr. Avec subtilité, comme quand l'éventuel laissé pour compte verse toutes les larmes de son corps parce que le fugueur ne veut pas communiquer. Comme lorsqu'il s'interroge sur la faiblesse du fugueur qui vient se livrer à lui, cœur et poings liés. Est-ce que ça ne cacherait pas l'essentiel, dit le conseiller, d'un lien durable qui s'ensommeille ou une saine préparation à la solitude ?

> Si une relation durable se prépare de longue date, la psychologue Andrée Matteau soutient qu'une journée de la Saint-Valentin sans amoureux, ça se prépare tout autant. Elle propose même à ses clients de préparer un horaire pour meubler la journée. « Ça leur permet d'élargir leur notion d'amour, dit-elle. Ils sont amoureux de la nature ? Eh bien qu'ils se fassent plaisir en visitant le Biodôme de Montréal ou en escaladant une montagne en Estrie » souligne-t-elle (Stéphane Dussault, *La Presse,* février 1995).

Si le psy est absent, la famille et les amis prennent le relais. Puisque toute la société baigne dans la culture psy, le psy est souvent accessoire à la propagation du discours pseudo-clinique sur l'aménagement social de l'attachement ou de la séparation. Tout le monde a sa petite compétence pour fourrer un nez empathique dans la réconciliation ou la prévention des malheurs des autres. On prend ses lettres de noblesse dans *Femme Plus, L'actualité* ou *Psychologies.* On se forme au séminaire Amour 101 de Janette Bertrand. Le citoyen moyen est bombardé par les recettes et les guides d'intervention et, de ce fait, il devient expert de compréhension interpersonnelle. L'idéologie psy peut donc se passer du psy. Cette idéologie qui nous intime l'ordre d'aimer quand on n'aime plus, de sourire quand on enrage, de pleurer quand on n'en a rien à blairer fait aujourd'hui consensus parce qu'elle est invisible. Elle est sans saveur, incolore, sans odeur. Elle fait partie de tout sans qu'on la voie. Elle ajoute à toutes les situations un « plus-à-comprendre » qui prend l'aspect de la bonne foi. L'idéologie psy ne s'incruste pas dans le message, mais dans l'émetteur lui-même.

Non content de régir la relation en tant que telle, le psy et son idéologie s'infiltrent jusque dans la chambre à coucher. C'est le *One-Two Punch* de l'infiltration psy : la parole et le sexe. Forcément, quand on ne s'aime plus, on ne fait plus l'amour. Tout le monde connaît la différence entre baiser et faire l'amour. Pas besoin d'épiloguer là-dessus. On peut baiser sans s'aimer et même en s'aimant, mais on ne peut pas faire l'amour sans s'aimer. La prétention du psy, c'est de laisser croire qu'il y a moyen de faire l'amour dans l'autobus de son voyage organisé. Le canular du psy, c'est la vie sexuelle harmonieuse. Mais l'harmonie, c'est l'ordre. Et l'ordre, c'est l'ordinaire. L'ordinaire, c'est le contraire de l'amour. Quand le couple baise façon psy, le psy jouit. Il sent la petite boule qui lui bouscule la luette en pensant à la satisfaction de la thérapie bien faite. Les psy en ont fait une discipline, la sexologie. Et la sexologie discipline le sexe. Dans l'idéologie psy, le sexe est mécanique ; on le décortique comme une machine qui a des ratés. Le sexologue, son bleu de travail sur le dos, joue les techniciens en entretien préventif.

> Le Dr Zwang explique que le préalable [de la démarche sexologique] est l'interrogatoire sexologique, qui explore successivement : l'histoire de la vie érotique individuelle (premiers pas érotiques, exercice de l'auto-érotisme, âge et modalités de déniaisement, sensualité générale, etc.), et la vie érotique du couple actuel (survenue de troubles, état actuel de l'érection, de l'éjaculation, de la lubrification, déroulement des ratages, pratique de la contraception, etc.). Suivent un interrogatoire médical et un examen médical, avant le début de la « rééducation » proprement dite, avec exposition progressive à des situations sexuelles (Mathias Pauvert, *Amour Sexe : le bouquin*).

A-t-on vraiment amélioré les situations personnelles par l'hyperquestionnement intérieur ? Pas le moins du monde. A-t-on réduit, de quelque façon, l'incidence des séparations, des divorces, des violences conjugales ? Encore moins. Et, pourtant, la psy domestique n'a jamais été si populaire. Elle n'a jamais cessé son infiltration depuis les trente dernières années. Il y a de plus en plus de psy et, parallèlement, les problèmes domestiques font irruption dans le domaine public. Le fait divers s'élargit à toute une catégorie d'événements insignifiants pour les intérêts de la masse : disputes entre voisins, bagarres d'automobilistes et, bien sûr, divorces difficiles avec procès à la clé. C'est inévitable parce que parler psy, c'est aussi révéler des problèmes insoupçonnés, des problèmes qui n'existaient pour personne. Quand l'évidence devient contingence, c'est que le prosélytisme devient essentiel. L'enjeu ne se trouve plus dans l'économie des échanges, dans la propriété qu'on se dispute, mais dans une caricature des intentions des acteurs.

Les sociétés sont empreintes de cultures qui les traversent. L'idéologie psy nous marque au fer rouge comme les bœufs ruminants d'un troupeau innocent. Nos sociétés occidentales se sont développées selon le modèle européen du siècle dernier. L'effort industriel et scientifique a tout déterminé pendant un long moment. La rigueur, la certitude, l'objectivité étaient des valeurs importantes. Elles donnèrent des fruits, pendant un certain temps, puis devinrent caduques. Le XXe siècle fut l'époque de l'essor américain et celui des sciences humaines. La culture américaine a été poreuse : elle a assimilé les cultures de ses immigrants dans un vaste *melting-pot* au destin puissant. La psy, comme science humaine, est une science poreuse ; elle a assimilé des méthodes empruntées à la biologie, à la physique, à la médecine dans un immense *melting-pot* insignifiant. À l'aube du troisième millénaire, la conjonction de l'une et de l'autre n'est pas du meilleur effet ; mais on sent l'essoufflement. La culture psy, comme produit de cette conjoncture fin XXe siècle, ne pourra pas survivre. Tant mieux. Mais, en attendant, son tam-tam résonne, comme chez les disciples de Guy Corneau.

> Après qu'on se soit [*sic*] salués nerveusement, l'animateur de l'atelier, Patrick Lynes, a écrit quatre mots sur un tableau : « Sauveur », « Victime », « Accusateur », « Impertinent ». L'atelier, ou plutôt « laboratoire de sensibilisation » (dixit le programme), consistait à explorer « le type de relations que développe le participant avec lui-même et avec les autres ». Dans la position du « sauveur », il fallait se mettre à pieds joints et tendre les bras vers l'avant ; celle de la « victime » consistait à poser un genou par terre, un poing fermé dans le dos et l'autre main tendue vers le haut ; dans celle de l'« accusateur », on pointait l'index en direction de son vis-à-vis en le fixant dans les yeux ; enfin, dans celle de l'« impertinent », il

> suffisait, tout en restant debout, de laisser tomber le haut de son corps comme une marionnette [...] Nous devions analyser les émotions que ces postures faisaient surgir en nous, histoire de «rendre explicite ce qui est implicite», expliqua l'animateur (Jean-Hugues Roy, «Voyage au fond des mecs», *Voir,* mai 1994).

Si cela doit disparaître, tant mieux pour l'amour. Tant mieux pour notre télévision. Tant mieux pour la société en général, pour les enfants, pour les malades. Tant mieux pour l'économie, pour la politique et pour nos divertissements. Le destin de la culture psy, c'est de disparaître. De disparaître des rapports entre hommes et femmes surtout, parce que la spontanéité planifiée est un non-sens, une aberration, une lubie de psy. L'idéologie psy est un grand échec. Elle est responsable de cette atmosphère morose dans laquelle baigne la société et que tout le monde décrie. Elle est responsable de la disparition de la surprise dans nos vies parce que tout commence là, dans la capacité de se laisser aller à vivre sans se poser trop de questions sur le «comment être». L'idéologie psy a éclipsé la philosophie. On a remplacé la réflexion sur le monde par l'autocontemplation du *self.* L'enseignement de la philosophie disparaît. Mais la philosophie ne peut pas mourir, la vraie philosophie s'entend, celle qui provient du bouillon de culture de la réalité quotidienne. Elle est une ressource naturelle renouvelable. D'ores et déjà, la question qui se pose, c'est celle de savoir ce que nous prépare le déluge psy de cette fin de siècle.

L'idéologie psy parle de la vie quotidienne en harnachant nos rêves. Les psy savent très peu de choses sur l'imagination et c'est sans doute la raison pour laquelle ils l'évacuent de leur façon de concevoir l'éducation sanitaire. Certes, ils en admettent l'existence et en vantent les richesses, mais ils ne comprennent ni la création, ni le fantasme. Ils n'en voient pas l'utilité non plus dans l'optique de leur projet social. Fort heureusement, l'esprit humain est un système en expansion perpétuelle.

Le projet psy, c'est le châtiment du roi Midas : changer en or tout ce qu'on touche, mais par la même occasion ne plus pouvoir en jouir, ne plus pouvoir se satisfaire de la matière perfectible des choses, des êtres, des sociétés. L'idéologie psy, c'est le grand orgueil de l'arrivée au port et de la fin de la misère humaine. Mais la misère psychologique, lorsqu'elle n'est pas le simple fruit de la pauvreté en général, participe aussi du bien-être psychologique. L'alternance du bien-être et du malaise est à la base de l'énergie d'être. Vouloir tout transformer en bonheur et en harmonie, c'est nier le droit d'être temporairement fou, un droit qui fait du bien. Une société qui a cet objectif produit, en série, des angoissés de la perfection, des pervers de la propreté mentale, des obsédés de la petite «bibite» noire.

Non content de miner l'amour, les psy, comme des enfants, allument des incendies en jouant avec des allumettes. Ils ont beau prétendre vouloir se faire pompiers, ils arrivent tout de même un peu tard. L'idéologie psy est une véritable torche. L'incendie se répand; il est médiatique. L'information prend feu. Le psy ne sait plus s'il doit arroser le feu ou souffler sur lui. Il cherche à circonscrire le fléau. Il a besoin de visibilité. Le psy est coquet. Il veut se faire voir. Il veut prendre possession du miroir parce que l'image est dangereuse. Malgré tout, le psy supporte assez bien l'autocratie ordinaire de ses injonctions. Il n'a plus le choix. Il doit porter le débat là où tout se décide, là où ça se passe, là où l'incendie fait rage. L'idéologie psy assiège les médias. Le psy sort de son salon pour aller jouer dans les électrons.

3

Médias

Le pouvoir vit des médias. Les médias sont au cœur de la culture d'aujourd'hui, ils « seraient » même la culture, comme le prétend McLuhan. Normal que le psy louche de ce côté et, plus particulièrement, vers la télévision, parce que, du même élan, celle-ci touche la tête et le cœur. Démocratique, techniquement simple, elle est à la portée de tous. La télévision est sous le contrôle de l'État et son audience est continue, son programme varié. C'est donc d'abord à la télévision que les propagandistes trouvent l'audience la plus large et la plus composite. C'est à la télévision que les enjeux politiques s'exposent, que l'image du scandale explose. Il est donc tout naturel qu'elle soit assiégée par l'idéologie psy ; l'une et l'autre se sont développées dans le seconde moitiée du XXe siècle. Elles sont contemporaines. De fait, l'idéologie fait une cour assidue et insistante au petit écran.

La télévision est au centre de toutes les controverses. Elle donne à voir globalement ce qui ne peut être saisi dans l'analyse des parties : le drame humain. Elle provoque la psy ; elle montre tout, d'un seul coup, sur le fait même, elle fait comprendre sans expliquer, d'où l'élaboration d'un nouveau mode de connaissance intuitif qui dépasse les psy et la psy en général. Alors que cette dernière, en raison de la pauvreté de son développement actuel, se confine dans le réductionnisme ou la vulgarité, la télévision dit tout avec une économie de moyens. Elle est polysémique. En voyant un malheureux se suicider en direct, on comprend tout. Le suicidé montre tout de lui-même, avec une totale économie de mots. En pareil cas, la psy banalise. Elle invoque le sensationnalisme télévisuel qui attire le fou. Elle n'affirme jamais qu'on meurt en direct pour tout dire d'un seul coup. L'image vaut mille mots.

L'idéologie psy est tellement envahissante qu'il était prévisible qu'elle en vienne à polluer les ondes. D'abord directement, par toutes ces émissions qui visent spécialement l'enseignement des modes de pensée et d'action qui constituent l'idéologie psy. De *M'aimes-tu ?* à *Comment ça va ?* en passant par

Janette Bertrand et Claire Lamarche, les propagateurs de cette nouvelle éthique font tout ce qu'ils peuvent pour être utiles. Ce faisant, ils transforment la télévision en *Big Brother* de l'écoute active. Ils font le bien. Ils vivent du bien. Ils collaborent à la prévention primaire. La télévision serait, selon la croyance psy, un instrument amoral frappant sans discernement. On ouvre, on capte. Les nouveaux gourous de la psy télévisée, qu'ils soient ou non assistés par des psy patentés, croient probablement dur comme fer au caractère évangélique de leur mission. Ils prêchent avec la ferveur des premiers croyants. Leur succès d'audience est variable. Ils réussissent avec un bonheur différent selon leur habileté. Quand c'est dramatiquement bon, ça donne du Janette ou *Chambres en ville*. Quand ça pique du nez, ça donne *Les Pieds dans les plats*. Quand c'est chirurgicalement pub, ça donne *M'aimes-tu ?* Mais tous s'y lancent : à partir de Christian Fournier qui met du psy dans son *Triplex* jusqu'à Johanne Seymour avec *Santa Maria,* l'histoire d'une clinique de desintoxication drolatique. Il n'y a pas de quoi rire. La psy se vend bien.

Le problème ne vient pas des auteurs. La source du phénomène n'est pas l'écriture, sa forme ou sa qualité. Le point de départ, c'est la bonne intention. Prenons l'exemple de Sylvie Payette. Pourquoi est-elle allée se fourrer les pieds dans les plats de l'écologie domestique d'inspiration psy après avoir écrit *Chambres en ville*? C'est un cas patent de contamination par l'idéologie psy, une idéologie qui rend coupable. Coupable de ne pas faire quelque chose pour ses semblables et de ne pas transmettre la bonne parole. Coupable de ne pas s'analyser. Coupable de ne pas enseigner des valeurs positives.

Résultat? Des auteurs pédagogues. Certains sont intimidés par la galaxie psy, tout ce qui fait bonne parole, tout le blabla de l'orthodoxie des bons sentiments. Comme si la fiction commençait à leur faire peur. Avec tout ce que l'idéologie psy véhicule de conneries sur les méfaits de la télévision, on risque de se retrouver avec des écrivains qui ne pensent plus qu'à enseigner la bonne parole plutôt qu'à raconter des histoires. À la décharge de Sylvie Payette, avouons qu'elle porte une hérédité d'envergure qui ne se dénie pas. Lise Payette est à la télévision québécoise ce que Léon Zitrone fut à celle des Français.

> Lise Payette a été nommée Femme de l'année par l'Association canadienne des femmes en radiotélévision, «pour sa contribution à l'avancement des femmes». «Dans ses productions, Mme Payette a présenté des personnages féminins positifs», a dit l'ineffable Keith Spicer. Pas «crédibles», ni «vraisemblables», mais «positifs». La nuance

> est de taille. Tant pis si vos téléromans sont écrits n'importe comment, ou si vos personnages de femmes sont aussi subtils qu'une tonne de brique. L'important est qu'ils soient positifs. On se croirait en Union soviétique pendant les années 50. Quand remettra-t-on un prix aux scénaristes de *Flipper* pour leur peinture, ô combien positive, du monde animal? (Richard Martineau, *Voir*, janvier 1995.)

Brillante ex-ministre, monument du petit écran, Lise Payette a été traumatisée par les Yvettes. Depuis, elle entretient ce net penchant vers l'intériorité à faire damner un saint de la croissance personnelle. Mme Payette est, probablement sans le savoir, un pilier de l'idéologie psy télévisuelle. C'est normal. Personnage important d'un gouvernement qui a favorisé l'accession des psy en politique, elle a toujours été fidèle à l'idéal social-démocrate outremontais. Un idéal pédagogique avant toute chose. Un idéal de développement collectif, qui a été trahi par tout le monde, tellement il vieillissait mal. Mais Mme Payette a l'air de penser que le peuple se trompe, qu'il va se rendre compte un beau jour que tout a été inventé par la première bande péquiste. Et notre télévision lui ressemble. Personne, de près ou de loin, n'a eu plus d'influence sur le contenu télévisuel québécois. L'idéologie psy est plus forte que tout. Et quand on veut faire pédagogique, on tombe inévitablement dans le panneau des modes. La mode de l'intérieur scruté. De Lise, on a perdu l'auteur, mais on a gagné le docteur. Ça donne *Les Machos,* diagnostic, probablement «positif», des mentalités masculines.

Rigoureusement inutiles et ennuyeuses sont d'autre part ces capsules d'idéologie psy déposées dans la gélatine de la santé communautaire. Chaque semaine à Radio-Canada, le Dr Alain Poirier fait une belle carrière d'animateur de la santé publique. C'est bien beau *M'aimes-tu?* Mais plus l'émission progresse et plus elle devient idéologiquement psy, moralisante, du genre à dire :

> Aimez-vous les uns les autres, enfants, parents de bonne volonté ! Communiquez, que diable ! Acceptez vos différences ! Faites des pas les uns vers les autres ! Soyez unis comme une famille qui prie ! Avec ça, on évolue vers un monde meilleur...

Comprenons-nous bien. Ce qui est tordu dans l'idéologie psy, ce n'est ni la recherche du bonheur ni l'espoir en un monde meilleur. Ce qui est pervers, c'est l'injonction, les «faites ceci, faites cela», la norme présentée comme la règle, comme un passage étroit vers le bonheur attendu. La perversion n'est pas dans le projet, mais dans la croyance que ce bonheur n'est accessible qu'à travers l'inter-observation psychologique, la parole lénifiante, l'écoute active. Avec *Comment ça va ?,* tant qu'on s'en tenait à l'information médicale, on aurait dit l'émission du Dr Quenneville sur Télé-Université, mais produite par une agence de pub. Autrement dit, clair, précis, limpide comme une bière en noir et rouge. Les psy ont secoué le pommier jusqu'à débarquer chez le Dr Poirier avec le résultat que l'on sait. Ils ont gagné là une tribune de choix, un outil de marketing efficace, une merveilleuse vitrine corporatiste, ce qu'aucun lobby auprès des auteurs de fiction n'aurait permis.

En d'autres circonstances, c'est la télévision qui, par elle-même, en tant qu'organisation, soutient l'idéologie psy. Les producteurs et diffuseurs entraînent à leur suite une multitude d'individus. De la foule, une clameur s'élève. C'est le chant des croisés pour la civilité. C'est l'antienne de la félicité sociale et de l'esprit sain. À partir du moment où quelqu'un se met en tête de se faire du capital politique (ou social) en invoquant l'un des credos de la culture psy, toute l'infanterie des bien-pensants s'articule autour de lui. Il y a un tel consensus autour de la volonté de purifier les mœurs que la moindre étincelle met le feu au magasin de poudre de la bonne conscience. En ce sens, les téléromans ou les émissions d'information à teneur psy ne font que véhiculer la pensée psy selon laquelle tout ira bien mieux dans le meilleur des mondes le jour où seront uniformisées les consciences, les attitudes, les habitudes.

Si vous appréciez *Les Héritiers Duval,* le téléroman de Guy Fournier, tenez-vous-le pour dit. Le lendemain de chaque diffusion de l'émission, vous avez la chance de participer à une tribune radiophonique pour donner votre avis sur l'un des problèmes exposés dans l'émission : un adolescent qui filme ses parents dans leurs ébats, la fidélité et, qui sait, l'alimentation des personnages. On y a même entendu le ministre Garon. C'est dire comme l'idéologie psy séduit son homme, surtout en période de référendum...

Mais ça ne suffit pas. L'idéologie de prescription qui sévit derrière la culture psy est un véritable rouleau compresseur. Non seulement il faudrait en véhiculer les préceptes à la télévision, mais il serait apparemment impérieux de bloquer l'accès de la télévision à tout ce qui lui est contraire. C'est le lobby grandissant contre la violence, le sexe et les mauvaises manières. C'est la folie furieuse de l'épuration de l'image. C'est la démence collective du contrôle hertzien. Tout cela peut mener loin.

Dans un communiqué succinct émis par la bouche de sa présidente Mme Truffaut, le Comité de surveillance des spectacles de marionnettes estima de toute première importance de changer la couleur rouge du bonnet de Guignol puisqu'il avait été scientifique-

ment démontré que cette couleur suscitait l'agressivité chez le jeune enfant. La directive du comité ajouta également une sévère et vigoureuse mise en garde contre l'utilisation agressive du bâton par un personnage auquel les enfants risquaient fort de s'identifier. Un moratoire fut donc décrété pour permettre à une équipe de spécialistes de l'université d'aller étudier in vivo *les effets nocifs de ces spectacles sur le développement des enfants.*

Au cours des dernières années, les médias ont été le site et l'enjeu d'une belle bagarre de balles de neige qui n'a rien à envier à l'exemple précédent, heureusement tout à fait fictif. D'un côté, Virginie Larivière et les courageux Quichotte de l'idéologic psy, collés comme du *chewing gum* aux *baskets* de l'adolescente : Keith Spicer du CRTC, le président de la Régie du cinéma Claude Benjamin, l'ex-président de la Corporation des psychologues Mario Poirier, à sa façon aussi, le sénateur Gigantès pour le film *Octobre* et l'affaire Falardeau. De l'autre côté, toutes sortes de créateurs opposés à la censure. Quelques citoyens se demandent encore pourquoi une telle opposition aux bons sentiments et à la vertu genre Spicer. Simplement parce que dans le giron de l'idéologie psy, et alimentée par elle, on glisse, en quelques mois à peine, de la pétition de principe appuyée par l'autorité d'institutions corporatistes à la volonté de légiférer.

> [...] L'American Psychological Association [...] recommande aux parents de

> jouer un rôle plus actif dans la gestion des émissions télévisées consommées par les enfants. Il est notamment suggéré aux parents de regarder au moins quelques-unes de ces émissions avec les enfants pour se rendre compte de la situation, de discuter avec les enfants des valeurs véhiculées, de restreindre l'accès à certains programmes trop violents, d'encourager les enfants à regarder les émissions où les personnages coopèrent, s'entraident, s'aiment… (Mario Poirier, *La Presse,* novembre 1992).
>
> Une réglementation s'impose par souci de cohérence avec les valeurs fondamentales que nous voulons promouvoir comme société. Cela n'a rien de révolutionnaire – c'est seulement l'essence de toute politique sociale et de toute loi dans une société démocratique. Ne faut-il pas trouver des moyens pour éviter d'enfouir dans les jeunes cerveaux des déchets culturels toxiques ? (Mario Poirier, *La Presse,* avril 1993.)

Il y a une énorme différence entre prévenir le téléspectateur et contrôler les contenus, entre la responsabilisation et l'information, d'une part, et l'infantilisation du téléspectateur ou la censure, d'autre part. Toute réglementation entraîne un processus de restriction des libertés. Pourtant, les vrais écolos de l'esprit veulent du contrôle : mais cachez donc ce sang que je ne saurais voir ! Paradoxe troublant cependant : l'ennemi de la paix intérieur, et les munitions pour le combattre, viennent d'une seule et même source, les États-Unis. Mario Poirier s'inspire des autorités américaines pour justifier ses requêtes politiques contre la télévision nocive, d'inspiration américaine. Le professeur Cadotte, de l'Université de Montréal, fait la promotion du groupe qu'il dirige, Pacijou, un organisme voué à l'épuration de la culture, en tapant sur les Américains, études américaines à l'appui. Ces gens-là on un ennemi commun : la culture américaine, grande responsable de la prolifération de la violence dans nos foyers. Mais que font-ils de la prudence, de la nuance propre à cette démarche scientifique dont ils se réclament, avant d'investir le Droit au nom des prescriptions psy, comme de véritables éléphants dans un magasin de porcelaine ?

> En tout état de cause, le caractère massif de la diffusion d'un message ne permet pas de conclure, sans autre forme de procès, au caractère massif de son « effet » (Jean-Claude Passeron, directeur d'études à l'École des hautes études en sciences sociales de Paris).

Quand *Le Nouvel Observateur,* dans son édition de la mi-juin 1993, ouvre un dossier sur la télévision avec le titre « Ceux que la télé rend fous», on comprend le glissement. Ce serait la télé qui rendrait fou, pas le fou, déjà fou, qui construit son délire autour de ce qu'il y a de références clés dans la société. Dans l'idéologie psy, la télé précède la folie; elle est le stimulus nocif. Pourtant, le vrai cancer, la vraie maladie, c'est l'idéologie psy qui transforme un professeur de cinéma en psychiatre, le temps d'une lettre ouverte.

> La tendance actuelle de documentariser à outrance la fiction, comme cela se passe dans *Scoop,* et de traiter le documentaire comme s'il s'agissait d'une fiction, comme c'est le cas du *Temps des bouffons,* risque de nourrir le terrorisme aveugle dans notre société fragilisée. Que *Scoop* tombe entre les mains d'un schizophrène en crise et en voie de confondre l'imaginaire et le réel, qui me dit qu'il ne se mettra pas en frais de flinguer des Amérindiens dans la rue? (Paul Warren, professeur de cinéma à l'université Laval, propos rapportés par *La Presse,* 1994.)

Pour peu qu'on creuse un tantinet l'idéologie psy, on comprend qu'éliminer la violence et le sexe à la télévision est, pour eux, un problème de second ordre. L'objectif réel consiste à éviter la contamination d'une classe moyenne qui s'appauvrit par l'image des réactions naturelles à la misère présentes chez les vrais pauvres: violence, promiscuité, abus des drogues.

Lors d'un colloque organisé par le cégep de Maisonneuve à l'automne 1994 et ayant pour thème «La violence dans les médias», le professeur Cadotte précisa que les demandes adressées au diffuseur ne concernent pas le contrôle des contenus, ce qui relève de la censure, mais bien l'accessibilité auxdits contenus. Nuance. Statistiques à l'appui, M. Cadotte a précisé que le développement de la télévision américaine et la propagation d'une culture violente, au tournant des années 60, ont une corrélation positive avec l'augmentation de la violence aveugle dans nos rues, alors que la pauvreté aurait connu une progression beaucoup plus faible.

Vue sous cet angle, l'argumentation développée par les Spicer et compagnie paraît en béton. C'est l'évidence même. Plus de télé américaine, plus de violence, mais pas vraiment plus de pauvreté. Là où tout craque cependant, c'est dans le réductionnisme. Réductionnisme historique d'abord, qui consiste à dénier l'existence même du phénomène le plus ravageur et le plus significatif dans le changement de l'habitus criminel : le développement du trafic de la drogue, survenu à la même époque. Un *junkie* qui a besoin de sa dose procède différemment d'un spécialiste du cambriolage. Il ne s'embarrasse pas des détails et du dépanneur samouraï. En ce sens, le danger immédiat ne vient ni de *NYPD Blue* ou des

Power Rangers, de ce que les cerbères de la cause psy assimilent à la culture nocive, mais bien d'une autre culture, soit celle de la coca. On peut bien mettre en cause les Américains dans cette dernière. Aucun problème. Mais c'est un autre débat. Politique celui-là.

Autre réductionnisme encore, statistique celui-là. La misère ne se mesure pas d'après les talons de chèques de l'assurance-chômage ou de l'assistance sociale. Elle ne se résume pas à Statistique Canada. Le prestataire fait partie d'un groupe comptabilisé, inférieur en nombre à la marée miséreuse. Finalement, réductionnisme logique : le nombre d'actes violents augmente dans les villes québécoises proportionnellement au nombre d'églises catholiques. Vérifiez ! C'est un fait. Doit-on mettre à l'index les sermons de nos curés et, ce faisant, la culture judéo-chrétienne ?

Le débat devient stratégie : les idéologues psy prennent le mot pour la chose, confondant les effets de la représentation de la violence et ceux de sa réalité. Cette stratégie sous-entend que la violence et sa représentation sont une seule et même chose. L'image du meurtre serait le meurtre. Pourquoi cette stratégie ? Simplement parce que la psy ne peut rien contre la violence, elle n'a aucun moyen contre elle. Et encore moins contre celle du *junkie.* Elle prétend faire de la prévention à propos de quelque chose qu'elle ne connaît pas, qu'elle est incapable de prévenir et qu'elle ne peut contrôler. C'est une feinte. En déplaçant le problème de la violence elle-même à sa représentation, l'idéologue psy tente de se justifier. Plus facile et plus rentable d'imposer le *black-out* sur la violence à la télévision que de résoudre le problème de la violence dans la vie quotidienne. L'efficacité de l'idéologie psy est renversante. Elle élimine la violence... à la télévision.

En clair, c'est la politique de l'autruche. Le déni, en langage psy. On plonge la tête dans le sable pour ne pas voir le vrai danger. Le réflexe est toujours le même : malheur à celui par qui le scandale arrive ! Pourtant, les corps putréfiés du Rwanda ne sont pas dans mon salon, même s'ils ont l'air d'y être. Comme *Rambo* et *Terminator.* Les enfants, en général, le comprennent mieux que les adultes, du moins quand ils ont eu la chance de tomber sur des parents dont le gros bon sens dépasse en importance les connaissances qu'ils ont de la psy. La fiction se démarque de la réalité. Ce qu'on voit de pire à la télévision joue sur le fantasme, pas sur les structures de la personnalité qui, elles, se construisent, selon les psy eux-mêmes, par imitation. Mais l'imitation n'est pas le processus simpliste que les idéologues psy nous décrivent.

Là où le bât blesse, c'est dans un réductionnisme d'un autre ordre encore. Pour peu qu'on le regarde avec des yeux de parents plutôt qu'avec ceux de Dr Poirier, on se rend compte que l'enfant n'imite pas n'importe qui. Il imite ceux qui comptent, ceux avec qui le lien d'attachement est le plus fort. Tous les auteurs de contes de fées l'ont toujours su, les représentations de la fiction ne suppléent jamais à l'attachement, elles le reflètent. En faisant croire que l'image provoque le déséquilibre, on évite toutes les causes sociales et économiques qui prédisposent à la violence. Si les *Power Rangers* me troublent au point de tuer mes camarades de classe, c'est parce que le *Power Ranger* est réel, qu'il bat ma mère ou qu'il débarque saoul dans la cuisine, le soir, après l'usine. Ce n'est pas de la psy, c'est du fait divers.

Dans ce débat épique, les Américains évoluent eux aussi. Des recherches entreprises à Berkeley suggèrent maintenant la pertinence de juger des aspects qualitatifs de la violence plutôt que de la dimension quantitative. Malgré tout, le professeur Cadotte maintient les revendications de son groupe : éliminer de l'horaire les émissions qui contiennent plus de 14 images violentes à l'heure, ou à la demi-heure, peu importe. C'est une histoire en plusieurs épisodes. Aborder la dimension qualitative des images de la télévision nous entraîne à un carrefour : ou bien on tombe carrément dans la censure ; ou bien on se rend compte que le problème social de la violence, le vrai problème de la violence, n'est pas posé par sa représentation dramatique ou documentaire.

Tous les stentors de l'idéologie psy, et tous les psy eux-mêmes, sont des sportifs de salon. Ils ne veulent plus de graines de meurtriers à Westmount, à Saint-Lambert et à Outremont. Beau projet, parce que, de toute façon, il n'y en a jamais eu beaucoup. Pas très courageux cependant, mais il a toutes les chances d'être couronné de succès. Pourquoi ? Parce que la violence s'apprend dans la rue, le soir venu, pas à la télévision. Faire verser toute une population dans le délire, sous prétexte que la culture métaphorique du psy veut se faire passer pour la réalité, est une manœuvre relevant du cauchemar éveillé. Le psy narcoleptique joue sur le rêve. Il combat des ombres, jamais de vrais adversaires. Et ceux qui l'écoutent sont, quant à eux, trop occupés pour contrôler leur progéniture, pour expliquer, pour discuter avec elle devant la télévision. Ils se comportent comme si leurs enfants n'étaient pas réels mais étaient, eux aussi, des appendices de l'écran entretenant avec lui une sorte d'osmose malsaine. De là, on peut tout entendre sans devenir sourd.

> Par les temps qui courent, il nous paraît de plus en plus nécessaire et urgent de combattre et de prévenir la violence sous toutes ses formes. Pour

> ces raisons, nous trouvons inopportun, de mauvais goût et déplorable que Radio-Canada consacre trois émissions de *Tous pour un* au triste personnage d'Adolf Hitler, auteur de crimes effroyables contre nos frères juifs et contre l'Humanité tout entière. Ces émissions ne peuvent avoir qu'un impact négatif, autant auprès des jeunes que du grand public. Nous demandons donc instamment à Radio-Canada d'assumer ses responsabilités éducatives, d'annuler ces émissions sur Hitler et sa violence, et de proposer plutôt des témoignages de beauté et d'humanité dont chacun a grand besoin (*La Presse,* 23 février 1994, lettre ouverte du professeur de psychologie Charles-E. Caouette et de 70 autres personnes).

L'idéologie psy n'a pas honte d'elle-même. Demander à l'État de purger la télévision des images qui nous offensent en prenant pour cause l'information sur le nazisme est une belle voltige à contresens. Exiger la censure au nom de l'humanisme, voilà tout le mal d'une idéologie qui cache les ingrédients de sa recette. Mais qu'un psy demande, à la clé, des images de beauté et d'humanité me fait craindre le pire. Cela doit signifier que les psy abhorrent la nature humaine et cette détestable énergie qui l'entraîne dans des débordements malheureux.

Qu'on le veuille ou non, la violence fait partie de la vie. Elle n'explose jamais pour rien. Elle signifie quelque chose. Dans un contexte politique, elle s'appuie sur l'ignorance, pas sur l'information, raison pour laquelle nos frères juifs ne veulent pas oublier. Comme le dit justement Dominique Wolton :

> Le paradoxe est que, dans nombre de domaines, on l'a vu pour l'information, les variétés, le sport, l'image de télévision a eu une dimension démocratique qui n'a guère été perçue, sauf par les professionnels – les intellectuels, pourtant réputés experts en démocratie, préférant y voir un danger. En réalité, le sens flottant, la pluralité d'interprétations, la polysémie ont été considérés comme des facteurs ambigus et dangereux plutôt que comme une possibilité de liberté pour les spectateurs (Dominique Wolton, *Éloge du grand public*).

Parce qu'ils doivent penser et produire de l'information rapidement, les journalistes sont souvent les plus exposés au virus psy. À partir de leur réflexion et de leurs jugements d'observation, ils produisent parfois des décoctions indigestes à valeur de prescription dans leurs éditoriaux. Mais il arrive qu'un style suffise, une façon de dire les choses, une mise en scène. La télévision étant souvent le prolongement de ce qui s'écrit, je ne citerai que trois exemples : l'hebdomadaire artistique *Voir*, Pierre Foglia et Nathalie Petrowski.

En ce qui concerne *Voir*, l'exemple est édifiant. Ce journal est une référence culturelle importante du Québec d'aujourd'hui. Ses jeunes crocs-niqueurs (à *Voir*, on aime bien les jeux de mots !) se foutent pas mal de leur image et ils écrivent en général ce qu'ils pensent. Mais *Voir* vit néanmoins de la culture psy, comme en font foi ses publicités infraconjugales, son débordant commerce de petites annonces humanisantes, son format aussi. En fouillant au-delà des chroniques, on constate que *Voir* titille un public féru de contre-culture granole, style Plateau-Mont-Royal-Jin-Shin-Do-Créatif. Selon le « motivatologue » Jean-Marc Chaput, on n'est pas ce qu'on dit, on est ce qu'on vend. Et dans le cas de *Voir*, le support de la vente s'enracine dans l'image fétiche d'une société psy. L'intelligence de l'éditeur Pierre Paquet, émule du Paul Vézina de la télésérie *Scoop*, aura été de rentabiliser le créneau laissé vacant, au cours des ans, d'abord par *Mainmise*, puis par *Le Temps fou*. On vend de la culture par l'illustration du mythe psy. On met en scène l'idéologie psy pour mieux promouvoir la culture en général. On confond, on fond l'une dans l'autre.

Pour Foglia, c'est plus compliqué. Poursuivi, selon ses propres dires, par un psy qui s'acharne, il est probablement en fin de thérapie. De drôle et baveux, violent et irrespectueux, Foglia devient lentement dépressif et morne. Foglia est toujours aussi intelligent, mais de plus en plus raisonnable, paisible, avec, ici et là, une pointe de rage. La vie tourne autour de lui. Sa photo, au haut de sa chronique, trahit la tourmente psychanalytique : on l'a vu de dos, de face, de côté, les mains dans le visage, comme un mauvais dormeur qui roule sur lui-même. Foglia est séropositif du virus psy et le Prozac ne l'a pas guéri. D'honnête mécréant, il est devenu la grosse star sans âme qui, comme d'autres à *La Presse,* ménage ses passions, ses excès, son public d'initiés. De temps à autre, une petite étincelle, puis Foglia retourne en thérapie. Tout le monde le chuchote et personne ne le dit : Foglia guérit de sa folie et on s'ennuie de lui. Hé ! Chose, t'es mûr pour le roman...

Pour Mme Petrowski, c'est différent. Nathalie la pétroleuse, la harpie, la terreur des producteurs de télévision. Nathalie, parfois, dérape aussi dans l'idéologie psy :

> De fait, les psychopathes sont les fous les plus normaux de la terre. Leur folie, c'est la BMW, le *nec plus ultra* des maladies mentales. Pas de délire paranoïde aigu, pas d'hallucinations, pas de lésions au cerveau. Rien : le vide total et abrutissant. De là à en faire des héros et à chanter leur rédemption, il n'y a qu'un pas que nous franchissons

> allégrement. Et nous le franchissons avec la certitude que les psychopathes sont de grands sensibles parce que c'est exactement ce que les cinéastes, metteurs en scène et scénaristes nous donnent à croire (Nathalie Petrowski, « À bas les psychopathes », *La Presse*).

Voilà. Quand Nathalie Petrowski verse dans l'écologie mentale, le mal peut toucher tout le monde. Mais là n'est pas la question. Qu'est-ce qui peut bien pousser une femme intelligente, cultivée et drôle à parler psy, à développer une argumentation psy, à émettre des injonctions psy ? Qu'elle développe une théorie sur la psychopathie, soit. Qu'elle soit touchée par la sagacité d'une psy de l'institut Pinel, passe encore. Mais rabrouer les artistes à grands coups de balai et au nom de la moralité psy, elle-même étant scénariste à temps partiel du téléroman *Zap,* pourquoi donc ? Mystère !

Je risque, en toute ironie bien sûr, une interprétation psy. Le petit faible de Petrowski, c'est probablement son cœur de mère. Le cœur d'une maman tuméfié par les slogans psy, des slogans à faire peur dans le noir, des slogans capables de venir à bout de l'esprit critique des plus féroces chroniqueurs. En effet, les ravages idéologiques commencent dans l'enfance, chez l'enfant, pour la protection de l'enfant. L'idéologie psy se justifie et se propage à travers le mythe de la prévention : éviter aux enfants les émotions « négatives ». Elle a déjà mis ses grosses pattes velues sur le continent noir de la naïveté. Depuis toujours, l'enfant est un objet de convoitise pour le psy. Le psy en fait son affaire. Le combat s'annonce difficile parce que le psy est pédocrate.

4

Protection de la jeunesse

Pédocratie : puissance, régime de l'enfance. Le psy est le Machiavel d'un État gouverné par l'innocence. Il a pris possession du territoire par la bande, au tournant du XIXe siècle, et, contrairement à ce qu'on pourrait croire, pas seulement par la bouche de Freud. Le psy s'est installé dans le fauteuil de conseiller principal d'un monde où l'enfant est roi, mais il n'a jamais eu à démontrer sa compétence. Le psy est le fourbe du royaume. Il n'affronte jamais, il s'enroule autour de ses adversaires comme un boa. Le psy va et vient sur cette terre comme s'il portait des patins sur un plancher ciré. C'est un être éthéré qui glisse sans appuyer. L'enfance est son argument. L'enfant est la caution de tous ses excès. Il se sert du potentiel évocateur de l'ingénuité pour jouer le père Fouettard avec les grands. Et ça donne la pédagogie de l'amour infini, du qu'est-ce-que-t'as-derrière-la-tête.

> Mon petit Alain, tu me dis que tu as mal à la tête ? – [...] Donne-moi un cachet d'aspirine. – [...] Dis-moi d'abord ce qui ne va pas. – [...] J'ai mal à la tête. – Maman a bien compris que tu as mal à la tête [...] Tu ne crois pas qu'il vaudrait mieux traiter ce qui ne va pas VRAIMENT dans ta tête ? – [...] Soigne-moi ! – Mais ta maman qui t'aime te soigne mon chéri. Mettre des mots sur ton mal, en parler, le dire, c'est déjà te soigner. – J'ai de plus en plus mal. – [...] Au fond, tu ne supportes pas que maman, une femme, par conséquent, mette le doigt dessus ? – [...] Si ça te fait plaisir. – [...] Ce n'est pas du plaisir de maman qu'il est question, ET TU LE SAIS TRÈS BIEN. (Guy Baret, *Allô maman Dolto : halte à la dolto-mania !*)

Nous vivons dans un monde où l'enfant s'impose comme représentant d'une morale incontestable parce qu'incontestée. La morale des psy. L'enfant vaut mille mots : de grands yeux clairs, la naïveté, l'enchantement fragile. L'enfant, incarnation de la bonté divine, de l'innocence, de la pureté. Qu'on nous montre la guerre, il faut voir des enfants qui crèvent. Une famine ? Des enfants qui ne mangent plus. Une catastrophe écologique ? Des enfants empoisonnés. L'enfant est le symbole de toutes les batailles. La misère en tant que telle ne suffit plus. La gradation dans l'immoralité est fonction de l'âge de la victime. Le pire des crimes, c'est de tuer un enfant. Les militants pro-vie ne cessent de le rappeler. Défoncer une mémé, ça passe toujours, mais un moutard, c'est la suprême barbarie. Le choc médiatique fonctionne sous toutes couleurs unies. Les Koweïtiens en firent la preuve avec le canular des pouponnières dévastées. Qui s'en souvient ? Qui se souvient de ce fameux *frame-up,* un mythe méticuleusement monté, une arnaque dénoncée par *Actuel.* La fin justifiait les moyens. L'enfant est l'instrument de cette morale, une morale psy, parce que les malheurs des enfants justifient l'existence du psy comme flic de la bonne conscience éducative et de tout ce qui s'ensuit, des abus, de la fraude. Le téléphone sonne :

– *[Moi] Allô! – [Un homme, accent français, voix grave et douloureuse] Est-ce que je peux parler au propriétaire de la maison, s'il vous plaît ? – [Moi] De la part de qui ? – [Lui] Mon nom est M. Machin, je m'occupe d'un organisme humanitaire, qui vient plus particulièrement en aide aux enfants malades du sida. – [Moi] Ça ne m'intéresse pas... – [Lui, ton méprisant] Ça ne vous intéresse pas ? – [Moi] Cher monsieur Machin, j'ai beaucoup de compassion pour les enfants malades, mais les publicités sympathiques qui se sont mises à l'heure de l'idéologie psy, j'aime moins. Vous tombez mal, ou plutôt vous tombez bien, mon éditeur me demande des exemples concrets de l'intrusion de l'idéologie psy dans notre vie quotidienne. Merci* (fait vécu).

Cette morale psy touche tout autant le domaine public que privé. Il n'y a plus moyen d'envoyer les enfants jouer dehors pendant les réunions familiales sans passer pour un bourreau. Il faut mettre le bébé au centre, la famille autour. On pleure, on rit, on se collette pour le petit. L'enfant est la nouvelle ressource naturelle par excellence, l'étalon-or, l'objet rare. Dénatalité oblige, le quotidien est envahi par les références pédagogiques. Dans la foulée, un certain Tiers-Monde monnaye ses enfants-ressources dans une samba d'adoption internationale à laquelle le psy prête son officiel concours. Et les bébés de s'étonner de cette attention exagérée. Le phénomène est récent, heureusement, parce qu'une telle pédomanie fait peser sur nous le risque de l'extinction de la race humaine ! Le petit d'homme est devenu l'objet du culte psy. On ne fait plus un pas de travers sans penser au bébé. On lui pompe l'air. On lui sape la liberté de vivre au nom de l'orthogénie. On l'étouffe de bons sentiments. On le « narcissise » dans ces regards béats de la ressemblance aperçue. On l'immole sur l'autel de ses premiers pas.

On le sacrifie au spectacle de ses premiers miaulements.

Le parent efficace s'observe dans la glace. Il a peur du jugement psy. Il craint l'évaluation pédagogique de son voisin le plus bête, pendant que le psy continue de gronder. Et les unes d'exploser. Et les gros titres de froncer des caractères : L'ENFANT EST UNE VICTIME ! Exploitation, violences sexuelles, guerres, mortalité, abandon, drogue, prostitution. Ce n'est pas moi qui le dis, c'est *L'Événement du jeudi.* C'est *L'actualité* aussi. C'est *Le Nouvel Observateur,* à toutes les semaines. Et l'idéologie psy, bien sûr. Une idéologie nourrie par l'enfance séduit forcément, même dans la malhonnêteté, en réduisant à l'enfance toute la portée des drames humains. Un drame est un drame, enfant ou pas. L'odieux de la guerre, ou la misère, n'a pas besoin des images chocs du pédomarketing. En soi, la misère choque. Mais la misère ne suffisant plus, l'enfant doit rester l'objet-culte du psychomarchandage de l'idéologie. Les contradictions sont renversantes.

Selon un sondage Angus-Reid publié dans *L'actualité* de juillet 1994, 94 % des participants sont d'accord pour dire qu'ils vivent dans une famille remplie d'amour et d'attention mais, le paradoxe est là, 63 % de ceux-ci croient dur comme fer que la famille canadienne est en crise.

Quelque part, c'est donc l'amour (en

trop) et l'attention (excessive) qui fomentent la crise, non ? Dans les sociétés dites pacifiques, celles qui gobent les punchs publicitaires du détournement de la misère des pays pauvres, le marketing psychopédagogique prend l'aspect d'une injonction : « Ton enfant tu élèveras selon les préceptes de la psy ! » On n'ose à peine encore pleurer sur les martyrisés du Dr Spock (c'est nous, les 30-45 ans, en grande partie), que les juges de nos tribunaux lisent du Dolto ou du Penelope Leach. Un juge ne peut plus se limiter à la jurisprudence.

> Dans un article intitulé « La Pute » monsieur Foglia critiquait une décision rendue par le juge Anthime Bergeron qui a annulé les droits de visite de la mère auprès de son enfant de 6 ans au motif que celle-ci, prostituée de son métier, avait amené l'enfant à son milieu de travail. Le juge a eu tort ou raison de conclure ainsi. Mais il est inexact de laisser croire qu'il s'est fié uniquement à l'affidavit du père. Le juge avait également l'expertise d'un psychologue qui corroborait les prétentions du père (Pierre-A. Michaud, *La Presse*).

Maintenant, un juge pour enfants, ça lit dans l'inconscient. Le juge lit les rapports de psy. Or, le psy est ce pervers de la chose mentale qui entre dans le monde de l'enfance en y déversant ses propres fantasmes.

Depuis qu'il existe, le psy force la porte de l'enfance. Sous quel prétexte ? Celui de la science, bien sûr, dans la mesure où, comme tout phénomène, le psychisme mériterait qu'on l'étudie dans sa genèse. Le psy se penche alors sur le développement du psychisme, sur ses structures et son organisation, donc sur l'enfant-chose. Il voit l'enfant comme un prototype d'adulte. Mais il le voit en adulte, avec sa pensée d'adulte. Mieux que ça, l'analyse de la conduite de l'enfant est elle-même une conduite, une intelligence, portant jugement sur l'organisation historique de son propre devenir. L'enfant que j'observe, c'est moi, hier. Comment ce que j'observe peut-il être indépendant de ce que je suis devenu, de mes propres expériences, de ma propre histoire, dans la mesure où mon instrument d'observation (ma personne) est en interaction constante avant, pendant et après l'observation, avec mon objet d'étude (l'enfant) ? À cela la psy répond mal, tout embringuée dans la méthode expérimentale.

> Cette science de l'enfant toutefois, ou plutôt ces sciences, au niveau du moins de leur intentionnalité la plus courante, portent encore la marque de la problématique adulte et semblent souvent hésiter à opérer le retournement qui modifierait comme il se doit la « relation » traditionnelle entre l'adulte et l'enfant. [...] Les chercheurs qui ont

> défriché et développé cette science de l'enfant [...] semblent parfois affectés de cet égocentrisme où ils voient la caractéristique de la pensée enfantine elle-même. [...] Une voie se cherche aujourd'hui dans différents pays qui veut rendre à l'enfant sa parole perdue [...]. Mais les adultes qui s'y engagent doivent alors accepter de rencontrer en l'enfant à la fois ce qui fait l'homme et ce qui le défait (*Encyclopædia universalis*).

L'idéologie psy ne veut que le bien de l'enfant. Parfois, aussi, celui des parents. En réalité, cette idéologie ne vise rien de moins que le bien de la famille et celui de la société. Des enfants sains dans une société propre avec, pour chaque famille, un psy presque-membre-à-part-entière. Ou, à tout le moins, un participant intéressé à l'édification du « symbole familial comme groupe-moteur de l'attachement ». Bref, on ne sait pas trop où on s'en va avec tout ça, mais le psy se retrouve fréquemment devant les tribunaux pour enfants. De vrais tribunaux, avec un juge, des avocats, des travailleurs sociaux, des éducateurs, des parents et, plus souvent qu'autrement, quelques psy, à titre d'experts. Sans jeu de mots, les psy y sont surtout pour la forme. Les tribunaux de la famille étant de vastes systèmes psy, on n'y a pas vraiment besoin des psy. La culture psy, comme mode de vie inspiré du discours du psy, crée des atmosphères traversées par la pensée du même type. La Cour a parfois l'air d'une basse-cour et s'y retrouver comme famille est une expérience qu'on ne souhaiterait pas à son pire ennemi. Non pas que la foule des experts y soit hostile, non pas qu'elle soit proprement incompétente non plus, mais elle n'a aucun itinéraire précis outre celui de se confondre dans le pédomarketing. Tout le monde croule sous les bons sentiments. Heureusement, le juge reste. Un juge qui en perd son latin, quand il est ancien. Un juge qui écoute les balivernes, quand il est moderne.

Paradoxe (psy) encore une fois : c'est parce qu'il avait le souci de ne pas judiciariser le monde de l'enfance que le législateur a rendu le juge pour enfants si important. Enlevez le juge, et le tribunal pour enfant devient un véritable enfer, un marché en plein air à Tanger, une compétition de luge en Jamaïque. L'ambiance psy, créée autour d'un lieu qui ne relève en réalité que du droit, consiste en un immense BLOB, vert et gluant, dans lequel s'embourbe une foule de spécialistes à la langue de bois. Et tout ça pour quoi ? Pour la signature du psy.

Cette signature au bas d'un rapport précise habituellement si l'enfant doit rester dans sa famille, vivre avec son père ou sa mère, prendre le chemin du centre d'accueil ou de la prison et s'il est « sain d'esprit » ou « mentalement perturbé ». Le témoignage du psy n'a en réalité que très peu d'importance. Son rapport, si peu, aussi. Les psy sont la plupart du temps tellement vagues dans leurs témoignages, ils se contredisent les uns les autres à un point tel que ceux qui ont pour mandat de recueillir leur avis se sont depuis longtemps résignés à n'y rien comprendre. Par contre, la signature du psy, elle, est la marque du savoir et la légitimité de toutes les décisions. Le psy a une telle aura, un tel magnétisme au tribunal, que sa réputation va bien au-delà de ce qu'il sait vraiment. En réalité, le psy n'a rien d'autre à dire que ce que ses tests mesurent; et ses tests ne mesurent que ce qu'il a à dire.

> De l'avis des spécialistes, les principales causes de handicap et d'inadaptation sont actuellement la malnutrition, la misère et l'analphabétisme; à cela s'ajoutent, bien entendu, les malformations congénitales ou héréditaires, les maladies ou accidents de toutes sortes, mais aussi les guerres et les conflits armés (Matty Chiva, «L'Enfance inadaptée: perspectives nouvelles», *Encyclopædia universalis*).

> Le domaine de la recherche portant sur les causes des difficultés d'adaptation psychosociale et les moyens pour les prévenir est fort peu développé. Nous ne pouvons être certains qu'un investissement dans la prévention auprès d'enfants à risque conduira à

des effets significatifs proportionnels aux capitaux employés. Les ressources attribuées pour l'aide aux enfants en difficulté ont servi à créer des services dont les effets à court, moyen et long terme demeurent inconnus (Richard Tremblay *et al.*, *Interface*, mars-avril 1990).

Peu de psy dans tout cela. Pourtant, au quotidien, les psy prennent le contrôle du tribunal et font avaler n'importe quelle couleuvre, voire le serpent de leurs préjugés, le boa constrictor de leurs petites faiblesses personnelles. Le psy qui témoigne à la Cour entretient la schizophrénie du groupe qui l'écoute : tout le monde admet que l'objectivité du psy, en toute matière, est fort discutable ; pourtant, personne ne met en cause les recommandations de l'Expert, comme en fait foi la rhétorique du juge Michaud, cité précédemment. Personne, sauf un autre psy. Pendant que les enfants dessinent dans leur coin, les psy s'affrontent parfois dans une navrante illustration de leur foncière incapacité à poser des jugements d'observation cohérents. Édifiant !

Pendant près de dix ans, j'ai réalisé des évaluations psychologiques pour les centres de services sociaux. Au cours de cette période, on m'a fréquemment demandé de trancher un litige, de déterminer où était le bien, où était le mal. On m'a demandé de voir dans les tests psychologiques si tel père était bien l'agresseur soupçonné, tel enfant le tueur en devenir, tel lointain parent le tuteur idéal. On m'a de la sorte conféré un pouvoir extrême, comme on le fait encore aujourd'hui avec d'autres. Or, même si on a raison d'exiger du psy qu'il remplisse le mandat social de sa profession, l'exercice de ce pouvoir est impossible. Tout psy prétendant le contraire serait atteint du *God Syndrome*. La seule attitude honnête consiste alors à ne discuter que des ressources de l'environnement. Mais a-t-on vraiment besoin d'un psy pour cela ?

Pour qu'une société en soit venue à retenir comme élément d'un jugement de droit la chambranlante expertise du psy, il faut manifestement que cette société ait radicalement viré au mauve psy. Le mauve, la couleur de l'ambiguïté entre le chaud et le froid. Passe toujours que les experts des tribunaux s'affrontent sur une interprétation de leurs recommandations. Mais qu'ils présentent péremptoirement des constats de réalités distincts, voilà qui devrait laisser planer de sérieux doutes sur la prétendue rigueur des principes dits « scientifiques » qu'ils reconnaissent entre eux.

Sur un tout autre plan, Penelope Leach est probablement le cerbère des cerbères, la plus solennelle incarnation de l'écologie pédagogique, la star de tous les psy d'enfants. Penelope Leach est la Françoise Dolto des Américains, la papesse de la *correctness* pédagogique. Avec elle, il n'y aura pas de concession : les enfants sont des trésors en péril. Les parents n'ont qu'à suivre le mode d'emploi. Lequel ? Celui de la culture psy bien sûr ! Celui de la Communication avec un grand C. Celui de l'Efficacité Émotive avec de grands E. Celui de la quiétude avec un petit *q*. Avec elle, c'est « les enfants d'abord », comme à la veille d'un naufrage. Son émission à la télévision américaine s'intitule très justement *Your Baby and Child with Penelope Leach,* mais aurait pu tout aussi bien s'appeler *Being at Home with Penelope,* tant il est vrai qu'on ne peut plus se passer d'elle.

> Il ne sert à rien de dire que les jeunes sont l'avenir d'une société sans agir concrètement. Il faut placer les enfants au cœur de la société. Il faut changer les attitudes. Actuellement, on valorise l'idée de l'enfant et du droit d'en avoir – l'accouchement est souvent vu comme une apothéose plutôt qu'un commencement – mais on semble beaucoup moins intéressé à leur bien-être, à leur éducation, une fois qu'ils sont là (Penelope Leach, *L'actualité,* juillet 1994).

Manifestement, on ne vit pas dans le même monde. Moi, j'entends des enfants qui crient « Au secours ! » à force d'être interprétés et tourmentés par la culpabilité de parents nourris de l'idéologie psy. Mais pas Penelope. Véritable Oprah Winfrey de la culture psy, Penelope rejoindra bientôt dans l'imagerie populaire la célèbre Dr Ruth, sexologue mondialement connue pour ses judicieux conseils techniques aux Américains coincés du cul. L'approche de Penelope Leach est résolument américaine, plus agressive, plus subtile aussi que tout ce qu'on a connu auparavant, et cela en laissant croire que la société abandonne les parents et qu'ils ont besoin d'aide. C'est l'approche de la dernière heure, celle où le mourant pousse son dernier râle, étouffé par la meute des prêcheurs qui veulent sauver son âme. On finira bien par lui arracher une ultime conversion. Pour l'éducation, c'est la même chose. Conversion à une idéologie psy selon laquelle le fait d'être parent confine à une position de vulnérabilité nécessitant l'apport bénéfique d'un souteneur, psy de préférence.

Ça sent le nouvel âge dites-vous ? Mais non, c'est une autre odeur que ça a. Reniflez mieux. Car il y a bien une cabale de prosélytes qui sévit en éducation. En fait, elle sévit dans bien d'autres lieux, menés par tous ces nouveaux convertis à toutes sortes d'idées plus ou moins loufoques. La mollesse de nos idéologies, notre manque de culture et de normes, leur permet de s'infiltrer partout, même en éducation, même à l'université, sans qu'ils aient besoin de comploter. Mon point de

> vue sur tout cela se résume à une angoissante question : comment éviter que ces gens-là puissent former nos enfants ? Ou pire, peut-être : comment éviter qu'ils continuent à les former ? (Normand Baillargeon, *Le Devoir,* 1994.)

Penelope crie haut et fort (elle n'est pas la seule d'ailleurs !) que les enfants d'aujourd'hui n'ont plus de place dans la société, alors qu'auparavant ils étaient au cœur de la famille traditionnelle. Difficile pour elle de décrier l'évolution sociale née du mouvement féministe, mais difficile aussi de faire le deuil de la tradition, de la famille d'antan, et pourquoi pas, pendant qu'on y est, du chapelet en famille. Bien sûr, comme tous les vrais psy, Penelope est progressiste... conservatrice. Penelope Leach est un bon exemple du psy bien sous tous rapports au discours foncièrement optimiste, et résolument humaniste. Optimiste, comme dans l'espoir d'une humanité meilleure. Humaniste, comme dans le clair horizon d'une société de l'amour. Personne n'oserait s'élever contre cette sympathique façon de voir les choses. Pourtant, il s'agit de l'ingrédient principal de la rhétorique psy dans la société : se servir d'abord de la nostalgie pour provoquer l'émotion. Mais les temps heureux, bénis de Dieu, étaient durs. Le psy ajoute donc toujours au bécarre de son révisionnisme le dièse de son modernisme :

oublions tout cela, dit-il, puisqu'il n'est pas possible, ni souhaitable, de revenir en arrière. Il propose donc l'utopie comme substitution à la régression sociale.

> Cet asservissement de l'imaginaire est particulièrement évident avec l'omniprésence des jeux vidéo tels que le Nintendo dans l'univers des enfants. Selon le docteur Daniel Berkowicz, psychiatre-psychanalyste : « Ça ne laisse plus grand-chose de libre dans la communication... Le champ de conscience est envahi. C'est un monde de satisfaction facile, de fuite de la réalité... Plus encore que la solitude, ces jeux vidéo accompagnent une époque sans idéologie, où la situation sociale est difficile. Ça ne renforce pas la créativité ; adultes et enfants se sentent insidieusement pris au piège. Ces jeux, comme le zapping, sont des signes d'accablement». N'est-ce donc pas sur les plans humain et social, plutôt que scientifique, que se trouve la solution aux problèmes de l'enfance ? (Dr Joseph Ayoub, « Dialogue », *La Presse*.)

C'est sur le plan scientifique que se trouve la solution aux vrais problèmes de l'enfant ; cela dit, on ferme sa gueule quand on n'a que l'ambition d'une morale pseudo-scienntifique pour prescrire des comportements et des attitudes aux gens de bonne volonté. Plus encore que le Nintendo, c'est le psy qui prétend vivre dans une société sans idéologie, alors qu'on en a jusqu'aux oreilles de la sienne, qui est la vraie catastrophe. Et si les enfants jouaient au Nintendo parce que c'est amusant, ou parce que leurs parents ont perdu le sens du jeu dans l'obligation de la bonne communication ? Et si le zapping était une nouvelle forme de démocratie qui déroute les publicitaires ? Et si les psy qui dissertent prétentieusement sur la liberté de l'espace communicationnel incarnaient la forme la plus évoluée de notre accablement ? Le psychanalyste Daniel Berkowicz est une belle représentation du manichéisme psy : tout ce qui est nouveau engendre le mal et pervertit les consciences ; le bien réside dans le regard du psy détectant les virus inoculés par le progrès.

> De même, l'« enfant-roi » dont on parle tant aujourd'hui, qu'est-il sinon un « bébé prolongé » indûment, un « enfant gâté » ? On ne le comble de tant de bienfaits que pour mieux le paralyser, le tenir en état de dépendance et réclamer sa reconnaissance (Gérard Mendel, *Pour décoloniser l'enfant*).

Quant aux opinions émises par Penelope Leach, elles sont comme les rapports des psy au tribunal : des pétitions de principe en guise de conclusions, des lubies en guise de recommandations, des hypothèses en guise de prises de position. Rien, dans les scénarios du psy, ne se concrétise jamais. Ce sont de véritables romans dont on est le héros. Le psy ne choisit pas la fin. Il n'en est pas responsable. Mais il vous dira, après coup, pourquoi vous avez eu tort de tourner à droite ou à gauche. Les enfants sont négligés ? Simple, dit Leach, il suffit que ceux qui n'ont pas la capacité économico-psychologique d'avoir des enfants s'en abstiennent. De plus, si les gouvernements font leur part en consacrant des fonds aux heureux titulaires du droit d'en avoir, ce sera déjà un sérieux coup de barre dans l'évolution néfaste de nos sociétés. Finalement, si les employeurs consentent à participer à l'édification de ce vaste empire psychopédagogique en démocratisant les allées et venues de l'employé-parent, nous assisterons certainement à l'émergence d'un nouvel âge d'or gnangnan.

> Voilà la cruelle réalité des faits : nous ne faisons plus d'enfants et nous ne les aimons plus. C'est un drame de la société occidentale. Au fond, il n'y a peut-être pas de plus cruelle bête depuis le néolithique que l'homme occidental de 40 ans qui a réussi... (Michel Serres, *La Presse,* 5 février 1994.)

Quand Michel Serres et Penelope Leach tombent d'accord, c'est sans doute que l'humanité chavire. Vous, individu de 40 ans qui avez réussi, votre compte est bon. Vous appartenez à cette frange inintéressante des derniers baby-boomers qui n'auraient manifestement jamais dû survivre à l'invasion spectaculaire de vos lyriques aînés sur le marché du travail. Certains prétendent que vous n'aimez plus vos enfants parce que vous vomissez les recettes de votre psy sur la meilleure façon de marcher et vous disjonctez complètement quand vient le temps de vous épancher sur la famille catholique d'antan. Vous êtes un enragé de la bof génération, un nihiliste, un invertébré de la chose politique qui ne croit plus à rien sinon à lui-même. Votre influence néfaste sur la génération qui vous suit vient de l'hybridation dont vous êtes victime, mélange de l'idéalisme *boomer* et du désespoir *skin*.

La génération des 30-40 ans est une bof-dingue génération qui ne va nulle part. Génération inféconde, insensible à la fertilité de la vingtaine, qui se rabat sur le dernier droit de la trentaine pour procréer. Dans une vingtaine d'années, les spécialistes diront des années 90 qu'elles auront été les années-lumière de la bof-dingue génération. Celles du prétendu individualisme. Celles d'avant le déluge. Avec les 30-40 ans, l'enfant est tombé de son piédestal ; il a été remis en cause comme jamais auparavant, ce qui a provoqué des toussotements poussifs chez les plus vieux. Les 30-40 ans affirment par leur choix ce que tout le monde sait d'instinct : la prospérité n'a jamais été une affaire d'État, ni la famille une condition de la prospérité. Ils l'affirment non pas en théorie, mais par l'expérience. Les 30-40 ans sont tellement déviants de la culture psy, qu'ils en seront probablement les fossoyeurs.

Les 30-40 ans sont dingues parce qu'ils ont formé la première salve d'écœurement d'après la dernière grande guerre. Ils n'ont pas porté les vêtements de leurs aînés parce que papa avait enfin eu la promotion tant attendue dans les années 50, en plus de l'augmentation de salaire concomitante et de la sécurité d'emploi d'une organisation prospère. Ils ont cru en l'université parce que les 40-50 ans s'étaient rapidement dégoté des emplois avec la moitié d'un bac en poche. Ils ont vite perdu leurs illusions au début des années 80. Ils ont subi le contrecoup des réformes sans les avantages qui avaient pullulé avant le retour de vague. Ils ont perdu ce lyrisme, au sens où l'entend François Ricard dans *La Génération lyrique,* qui réduit toutes les misères à la plus simple expression d'un credo.

Pour toutes ces raisons, le discours des psy vise au premier titre les moins de 40 ans, c'est-à-dire ceux qui devraient être au pouvoir, féconds, modernes, démocrates, moraux, éthiques, altruistes, libéraux, égalitaristes et fraternels. L'idéologie psy veut remettre au pas les écartés de la morale, les agnostiques, les dangereux déracinés de l'espoir. Elle voit dans le pivot social des 30-40 ans la génération de l'acceptation inconditionnelle, du miracle néocapitaliste. Mais la bof-dingue génération est celle du premier grand sauve-qui-peut postmoderne. Une génération de chaperons rouges prêts à bouffer du loup. Une bande de fous furieux. Alors, par nécessité, l'idéologie psy endosse le mandat de surveillance du fou. Voilà qui mérite une bonne salve d'applaudissements. Après les services rendus à la cause pédagogique, le psy nous évite le pire : rester seul et sans défense face à la folie des autres. Mais la folie dépasse le psy. À moins que, du dément ou de son docteur, le plus furieux des deux ne soit pas celui qu'on pense. Car le psy est un *serial killer* en liberté, un assassin de la vérité, un égorgeur de la destinée.

5

Fou furieux

Dans *Dressed to Kill,* le réalisateur Brian De Palma ne se contente pas de rendre hommage au génial réalisateur de *Psycho,* il met en scène l'aberrante et métaphorique présence du psy sur la scène de la folie.

Le scénario du film est simple. Des meurtres en série, particulièrement atroces, sont commis sur la personne de jolies prostituées. Un brillant psychiatre, rôle interprété par Michael Caine, prête son concours, en tant qu'expert, à l'enquête policière. La trame se dénoue lorsqu'on découvre enfin que le fou furieux n'est pas celui qu'on pense, c'est-à-dire le patient de Caine, mais bien Caine lui-même, un individu déséquilibré, misogyne et pervers. La dernière image du film est inoubliable. Elle nous montre l'héroïne dans sa salle de bains, prise d'angoisse en voyant le psy déguisé en infirmière, un rasoir à la main ; un cauchemar que la jeune femme n'oubliera pas de si tôt.

Proclamons donc *Dressed to Kill* film-culte de l'anti-psy ; il révèle le danger qui vient du psy, pas du suspect facile, pas du patient officiel, mais bien de ce voyeur obstiné de l'intimité mentale qu'est le psy. Bien sûr, le film est une image. Mais *Dressed to Kill* localise le danger mieux que n'importe quel débat, mieux que n'importe quel colloque universitaire ou mieux encore que n'importe quelle conférence sur la dangerosité. Le discours du psy sur la folie est une allumette dans une poudrière.

> Le terme de folie n'a plus et n'a peut-être jamais eu de portée valable que dans la mesure où il vise une réalité sociale, celle de l'existence de ceux qu'on nomme fous. Mais le terme perd tout contenu désignable, tant sur le plan phénoménologique que clinique, dès lors qu'on s'est attaché à une compréhension intrinsèque du sens et des structures des comportements psychopathologiques. Ce n'est qu'en face des normaux qu'on trouve les fous et la folie (Alphonse De Waelhens, *Encyclopædia universalis*).

Depuis peu, le cinéma introduit à profusion le psy dans des personnages toujours plus ambigus. Si l'imagerie courante se manifeste encore dans la représentation du divan, du cigare, du bureau sombre et enfumé, le psy devient quant à lui menaçant et de moins en moins crédible. Dans *Basic Instinct,* le spectateur apprend à se méfier des jolies étudiantes en psychologie, qu'elles soient devenues psy ou écrivains. *Basic Instinct* est un autre révélateur de la culture psy. Même chose pour des films tels que *Final Analysis,* où Richard Gere perd le nord pour les beaux yeux de la sœur de sa patiente, ou *Colour of Night,* avec Bruce Willis. *Basic Instinct, Final Analysis* et *Colour of Night,* trois films majeurs, avec des vedettes majeures, produits par Hollywood à quelques mois d'intervalle, sur un même sujet : l'univers de la psy. Avec le cinéma américain, c'est l'idéologie psy, davantage que le psy lui-même, qui marque le pas. Impossible d'imaginer les rapports humains autrement qu'à travers le lorgnon de l'analyse de caractères.

Mais la réalité dépasse parfois la fiction, dit-on. Le cinéma, comme la télévision, n'est qu'une représentation condensée de la vie réelle. En ce sens, la pire tragédie qu'ait connue le Québec dans l'axe insoutenable de la folie meurtrière fut l'épisode de l'École polytechnique de Montréal, survenu le 6 décembre 1989, drame pénible au cours duquel 14 étudiantes furent assassinées tout à fait gratuitement. De près dans l'horreur suivirent le carnage télévisé de l'Assemblée nationale du Québec et la tuerie de l'université Concordia. Mais le crime le plus médiatisé reste, et de loin, celui de l'École polytechnique. Pourquoi ? Pour le nombre de victimes ? Le sexe des victimes ? Le lieu du crime ? Les caractéristiques personnelles du meurtrier ? L'histoire ne le dit pas. Mais l'événement a fait couler beaucoup d'encre. À une telle dimension de l'affaire, on ne parle plus seulement d'un drame, mais bien d'un événement profondément bouleversant qui a, semble-t-il, ébranlé la vision que la société québécoise avait d'elle-même, de son pacifisme, de sa sécurité.

> Nous assistons, depuis une dizaine d'années, à des remaniements profonds des discours psy, notamment sous la forme de constitution de corpus savants qui, dans la réalité des pratiques, tendent à créer l'impression que la psyché humaine livre ses secrets grâce à des méthodologies codifiées sur le modèle scientifique. [...] Dans ces conditions, il devient patent que la valeur de l'intervention psy est menacée d'incohérence grandissante, à mesure qu'elle récuse d'être un discours institutionnel, quand dans le même temps ses systèmes de propositions concurrents s'érigent en monuments textuels, porteurs d'un juridisme occulte, d'essence scientifico-

scientiste... (Pierre Legendre, *Le Crime du caporal Lortie.*)

Plus qu'à tout autre moment dans son histoire, le Québec attendit du psy qu'il se prononçât sur cette affaire. Le citoyen attendit de son psy qu'il jouât un rôle utile. Les Québécois avaient besoin de comprendre, ils voulaient des réponses précises pour calmer leur angoisse. Les Québécois cherchaient des signes permettant de prévoir, sinon de prévenir, de telles situations. Parce que, contrairement à ce que la plupart des psy ont prétendu à l'époque, le plus angoissant dans un tel événement n'est pas l'identification à la victime mais bien le mimétisme avec l'agresseur. La peur de perdre les pédales. L'individu ordinaire dont les plombs sautent. L'imprévisible éclatement de la personne normale. Dans les semaines qui suivirent le drame de l'École polytechnique, les psy n'ont rien dit de tout cela, mais se sont épanchés longuement sur le tueur lui-même.

> Quelques correspondants déplorent [à propos de la couverture de la tragédie de l'École polytechnique], sans le dire clairement, le foisonnement des analyses et des commentaires de nature médicale, psychologique et sociologique qui ont envahi les journaux pendant plusieurs jours. On signale à ce sujet les contradictions, les tentatives de récupération en faveur de causes

diverses, les hypothèses improbables, les théories discutables (Michel Roy, *Le Soleil,* décembre 1989).

Quand on a accès aux confidences des gens dits normaux, on s'aperçoit que leurs fantasmes sont fréquemment atroces. Les gens ont de drôles d'idées quand ils s'imaginent détenir le pouvoir absolu de détruire. Ils ont peur d'eux-mêmes. La raison paraît simple. Le pouvoir absolu qu'un être a sur un autre est, en soi, quelque chose d'insupportable.

Une amie me racontait récemment que lorsqu'elle tenait un bébé dans ses bras, elle avait souvent l'idée de lui faire du mal, de le blesser ou de le laisser tomber, et que cette image provoquait en elle une énorme culpabilité. Réaction psy des autres témoins: un malaise certain, quelques remarques laissant entendre que cette amie était sans doute un peu «dérangée». Pourtant, ni la présence ni l'absence d'une telle idée ne peuvent présager le passage à l'acte agressif. En clinique, on voit de tout. Plus encore, de telles fantaisies sont fréquentes et probablement insignifiantes en tant que telles. C'est la répercussion de la fantaisie dans la culture psy de même que la pression sociale et personnelle qui provoquent le malaise.

Ce qui fait le tueur de masse, c'est autre chose. L'inverse en fait. Le *mass murder,* c'est l'incapacité de vivre sans un pouvoir sur l'autre. On joue dans un registre analogue pour le *serial killer.* La différence entre les deux, c'est que, dans le premier cas, tout est là, il ne manque que le déclencheur. Dans le second cas, c'est progressif et organisé. Et la très grande majorité des gens n'auront jamais la capacité de devenir l'un ou l'autre. Ça ne les empêche pas de porter en eux la représentation de cette violence. Mais, contrairement à ce que fait croire le virus de l'idéologie psy, le mot n'est pas la chose, le fantasme violent n'est pas le meurtre.

Lors du drame de l'École polytechnique et plus qu'à tout autre moment dans l'histoire, le psy a eu l'occasion de faire craquer l'idéologie qu'il nous a inoculée et le discours officiel qu'il entretient sur la folie en avouant son impuissance. Son discours ne dit rien. Son discours va dans tous les sens. Des paroles que personne ne retient. Comme toujours, le psy resta vague, imbibé de complexité, incompréhensible, diffus, calculateur. Le psy fit grand étalage de son incompétence en la matière. Heureusement pour ses préoccupations corporatistes, la population ne veut pas vraiment savoir. On ne veut pas savoir que le médecin a ses limites parce qu'on a peur de la mort. On a besoin du sorcier psy parce qu'on a peur de la folie. Dans une telle perspective, moins on le comprend et plus on le trouve compétent. De la frime.

> Incapable de proposer une théorie générale qui rendrait les autres caduques, le psychologue n'est pas pour autant désarmé. Il lui est loisible en

> effet de s'intéresser à la manière dont chacun décrit et explique le comportement en termes de personnalité. De la sorte, le psychologue cesse d'être le théoricien de la personnalité, pour devenir le théoricien des théories dont les gens se réclament ou se servent naïvement (François Pire, *Questions de psychologie*).

Dans les jours qui suivirent la tuerie de Polytechnique, Bernard Derome, le célèbre présentateur de nouvelles de Radio-Canada, discuta longuement avec quelques psy, parmi les plus réputés, des dimensions de la tragédie. Tout cela se passa à une heure de grande écoute. Les psy avaient la tribune. Ils avaient l'occasion de faire amende honorable. Ils y allèrent plutôt d'une charge à fond de train contre les moulins à vent de leurs croisades habituelles, éculées, faciles.

> Saurons-nous enfin nous unir et, comme parents, ne plus acheter de jouets agressifs à nos enfants afin que cesse ce marché si lucratif pour certaines compagnies ? Saurons-nous nous concentrer, comme auditeurs et téléspectateurs, et ne plus écouter ou regarder des émissions violentes et faire tomber les cotes d'écoute ? Bref, saurons-nous faire front commun pour couper le gagne-pain de ceux qui nous manipulent, ou nous remettrons-nous encore une fois dans les mains des

> gouvernements pour qu'ils créent des comités, des commissions et des projets de loi pendant des années alors que rien ne changera ? (Dr Yves Lamontagne, *La Presse,* 17 décembre 1989.)

L'opinion du Dr Lamontagne résume à peu de choses près ce que les psy ont de plus intelligent à dire sur la démence. Le Dr Lamontagne est un homme honnête et sympathique qui se dévoue pour la cause des maladies mentales. Il avoue, par ses propos, que la psy n'a rien à dire, ou si peu, et que, ce faisant, le débat est avant toute chose politique. Il nous intime l'ordre de « couper le gagne-pain de ceux qui nous manipulent ». De tous ceux qui nous manipulent, psy y compris ? Reste à savoir si la politique y peut vraiment quelque chose. Intéressante aussi cette charge du Dr Lamontagne contre la manie des comités en tous genres. Pas certain, toutefois, qu'il ait vu dans la procrastination consultative de nos gouvernements la marque de l'idéologie psy.

Le malaise le plus grand n'est pas la catastrophe, mais la prétention du sorcier d'avoir le contrôle sur les catastrophes. Et lorsqu'on croit que le sorcier commande la nature, on oublie son parapluie. J'entends déjà les psy qui crient : jamais ils n'ont prétendu avoir un tel pouvoir, un tel effet, un tel contrôle. La démence, le crime, la maladie mentale sont encore bien mal compris ;

ce sont des phénomènes complexes. Impossible d'identifier des règles ou des lois précises à la base de leur émergence. Une folie, un homme. Bon, d'accord. Mais si c'est vrai, on est en droit de se demander à quoi peuvent bien servir ces cohortes de psy qui se reproduisent comme des cancrelats. S'ils avouent leur incapacité à informer, à décrire, à préciser, à prédire et à prévenir, quelle est leur véritable utilité sociale? Consoler? Seulement ça? S'ils sont tellement démunis quand vient le temps de donner les vraies réponses sur les déments, comment peuvent-ils se permettre d'imposer leurs injonctions pédagogiques et écolomentalistes au monde ordinaire? Le psy regarde-t-il le fou du point de vue de la personne saine, de ses habitudes, de ses attitudes, ou juge-t-il la personne saine à partir de ce qu'il voit du fou? À quelle véritable nature la connaissance psy appartient-elle? À la vérité, on manque de fous...

Débarrassé de la peur du diagnostic psy, n'importe qui peut voir cette énorme poutre qui traverse l'œil du psy. Les psy n'ont aucune rigueur dans les observations qu'ils effectuent. Pas par manque de volonté. Pas par couardise. Parce que leur objet ne le permet pas. Parce que, contrairement aux astronomes ou aux biologistes, ils n'ont pas de méthode originale pour ce faire et qu'ils n'ont pas encore résolu le problème fondamental du sujet: la matière peut-elle se comprendre elle-même ? De là, ils portent toutes sortes de jugements fragmentaires camouflés par l'allure scientifique de leur jargon. Finalement, ils émettent des prescriptions, ils énoncent ce qu'il faut faire et penser, en s'appuyant sur des observations nécessairement fragmentaires et une évaluation très partielle de la réalité.

Le psy est humain, un humain qui s'étudie lui-même. À partir du moment où le psy forge une théorie, cette théorie prend origine dans son esprit à lui. Le psy, c'est quelqu'un, pas Dieu. Or, cette théorie dépasse-t-elle la réalité qu'elle décrit ou est-elle comprise dans cette même réalité ? Exemple : découvrir l'inconscient, n'est-ce pas dire qu'on découvre ce qui est, par essence, inaccessible ? Si l'inconscient est un processus adaptatif destiné à protéger l'espèce contre l'excitation excessive, se change-t-il lui-même du moment qu'on le met au jour, et disparaît-il alors, rendant la découverte inutile dans la pratique ? Compliqué ? Vachement. C'est la raison pour laquelle les psy sont encore à l'âge de pierre.

La plus élémentaire pudeur scientifique exigerait de ne pas porter de jugement sur un objet avec lequel on n'a pas été en contact. L'objet du psy est un sujet, une personne, un individu. Or, aucun psy n'a eu l'occasion de rencontrer Marc Lépine, la personne. Tous les diagnostics ont été posés après le fait. Qu'ont à dire les psy sur le fait que dans la plupart de ces catastrophes les proches de l'agresseur se disent profondément surpris ? Que l'agresseur était un être gentil et docile ? Qu'il était bien la dernière personne au monde dont on aurait pensé qu'elle puisse en venir à commettre un tel acte ? Les psy n'ont rien à dire là-dessus parce qu'ils se pointent toujours après coup. Toujours après le fait. Des gérants d'estrades, les psy.

En 1976, deux psy américains du nom de Yochelson et Samenow lancèrent un gros pavé dans la mare des psy, bouleversant leurs prétentieuses prérogatives d'évaluation et de surveillance du criminel. Yochelson et Samenow sont à la psychologie ce que Watson et Crick sont à la biologie. Ils méritent ce statut non pas pour l'importance de leurs découvertes, mais pour l'audace de leur humilité. Ils travaillèrent pendant des années à l'hôpital Saint Elizabeth de Washington avec les criminels NGBRI, les *Non Guilty By Reason Of Insanity,* ceux que la justice canadienne confie aux bons soins du gouverneur général en conseil, les fous furieux, les criminels notoires, les psychopathes.

Les psychopathes n'entendent pas à rire. Tous les psy s'accordent pour dire qu'il s'agit là de la pire clientèle à traiter, la plus facile et la plus recherchée étant, à l'autre bout du spectre, la clientèle féminine, saine, riche et jolie de Westmount ou d'Outremont.

Pour leur part, les deux psy américains eurent le courage de dire ce que tout le monde savait d'instinct : avec ces cocos-là, rien ne marche sauf la menace et le chantage. Ni la psychanalyse, ni le conditionnement, ni l'humanisme, ni la pharmacologie, ni la programmation cognitive, ni *Écoute ton corps* de Lise Bourbeau. Une large part de la communauté psy internationale posa rapidement son diagnostic sur les deux honnêtes chercheurs : fascistes, réducteurs, idéologues, bourgeois, espions de la CIA, bras de l'appareil législatif, etc.

Depuis, on n'a pas bougé d'un poil. Chaque jour, ou à peu près, des psy se prononcent sur la pertinence de la libération conditionnelle de tel récidiviste, sur la remise en liberté de tel maniaque à la tronçonneuse, sur l'élargissement de tel pédophile. Chaque jour, des psy se contredisent, comme en fait foi la levée de boucliers au sujet de la remise en liberté du caporal Lortie : pour tel psy il y a psychose, pour tel autre non. Chaque jour des psy se couvrent de ridicule en soutenant l'apparence de leur efficacité professionnelle plutôt qu'en avouant tout bonnement qu'ils se perdent en conjectures.

En attendant que ne s'effrite la culture psy, espérons qu'un courageux politicien viendra nous libérer de ce pouvoir extraordinaire et dangereux dont dispose le psy pour le remettre entre les mains du gros bon sens populaire. Tant que les psy ne retourneront pas faire leurs classes. Tant qu'ils n'auront pas accouché d'une vraie science ou de quelque chose qui s'en approche. Tant que leur exercice professionnel ne sera rien d'autre qu'un éclatement malencontreux de la compétence entre mille et une professions revendiquant chacune pour elle-même le droit exclusif d'accomplir des actes psy. Il y a de cela quelques années, Nicholas Kittrie proposa aux Américains une loi de la liberté thérapeutique fondée sur le droit à la différence, c'est-à-dire sur le fait de pouvoir refuser une assistance psychothérapique. La loi de Kittrie était destinée à la protection des inculpés. En y pensant bien, avec l'étalement de l'idéologie psy, peut-être devrions-nous songer à enchâsser dans la constitution du pays le droit inaliénable à rester différent du profil sanitaire qu'impose l'idéologie psy.

À n'en plus douter, les psy sont bien des maniaques déguisés en infirmières. Ils affûtent en silence le rasoir de leurs bavardages et confondent la population en l'hypnotisant à l'aide de formules creuses. Où sont les faits dans leur blabla ? Nulle part, ou presque. L'idéologie psy est un vaste *marketing blitz* au service d'un prétendu chasseur de « bibites ». Il est donc tout à fait naturel qu'elle traverse aussi l'économie, le travail, le patron. Après l'enfant et le fou, le travailleur est la troisième victime de l'idéologie psy, en importance. Dans le joli petit monde du travail, là où le capital a souffert de la mauvaise réputation du taylorisme et de l'esclavagisme, l'idéologie psy est un baume sur les plaies de l'humanisme organisationnel. Le psy en profite, en maraudeur de la bonne conscience marchande.

6

L'école de Drummondville

Pourquoi Drummondville ? Sans doute à cause de la proximité de Kingsey Falls, site du miracle de la papetière Cascades. Un type, un jour, a eu l'idée de vendre une partie de son entreprise à ses employés. Une partie suffisante pour créer la responsabilité dans l'insécurité. Une partie trop infime pour perdre le contrôle dans la disparité. Bernard Lemaire réalisa son projet de « transvaluation » de la culture entrepreneuriale à un moment propice à cette forme d'esprit coopératif plus ou moins renouvelé. On connaît le reste de l'histoire ; la vision est devenue l'énorme succès que Cascades a obtenu. Et Lemaire est devenu un modèle, un idéal. On a tracé son portrait psy. Tous les dirigeants de PME de Drummondville ont commencé à s'habiller comme lui, à utiliser le même *after-shave,* à conduire le même gros char américain. Des commerçants un peu plus futés que les autres se recyclèrent dans le charisme industrialisé en se faisant les porte-voix, à but lucratif, de la nouvelle doctrine. Le Groupement québécois d'entreprises était né. Les intellectuels de l'Université de Montréal emboîtèrent le pas. L'idéologie psy atteignait désormais le Québec industriel.

Le Groupement québécois d'entreprises se voue à l'entraide entre chefs d'entreprise, surtout dans la PME. Le GQE organise régulièrement des conférences sur des thèmes techniques (le libre-échange, le financement, l'informatisation) ou humains (le leadership, la motivation, l'évaluation du personnel). Au cours de ces conférences, les membres et les partenaires (institutions et consultants de tout acabit) se répartissent en petits groupes pour discuter de leur « vécu ». Tous répondent à des questions préparées, des questions « interpellantes » par la forme (le tutoiement) et le contenu (mon expérience signifiante). Cet exercice doit favoriser, comme me l'a déjà expliqué l'un des permanents de l'organisme, l'élargissement de l'espace évoqué du dirigeant. Parmi les consultants, entre autres, des psy, des comptables, Ray Vincent, la firme CIRCA.

Le monde des affaires a trouvé la niche de son nouvel humanisme : l'idéologie psy. Il a, par le fait même, trouvé son parangon : le psy patenté ou pop. On ne fait plus de fric, on gère la qualité de la vie, la qualité totale, l'amélioration continue. L'entreprise est devenue ce vaste amphithéâtre où s'ébattent les protagonistes d'un jeu fabuleux : qui perd gagne dans l'excellence. Employés et patrons sont dorénavant convaincus que l'amour est la force motrice du capitalisme et que la satisfaction mutuelle en est le carburant. Ceux qui pensent le contraire sont injustes et véreux. Ce sont des jaloux qui profitent de la médisance. Nous sommes aujourd'hui à l'orée d'une familiarisation des rapports de travail. Marx s'est trompé ; c'est à l'usine qu'on prend son pied et non pas là qu'on reçoit celui du patron au derrière.

C'est ce dernier postulat qui a engendré l'école de Drummondville. Courant de pensée complexe et à nul autre pareil, l'école de Drummondville a sa souche de développement dans la ville du même nom. L'offense qu'on a faite à ses promoteurs en donnant à d'autres, à des étrangers de surcroît, le crédit du développement d'une théorie de l'acceptation industrielle inconditionnelle sera donc ici réparée. Ce n'est qu'un juste retour des choses pour leur dévouement à la psycause qui donna toute son impulsion à la fameuse école. En effet, le consensus international sur l'organisation moderne du travail, c'est-à-dire sur ce qu'on appelle aux HEC la nouvelle alliance industrielle, ne vient ni du Japon, ni de la France, ni des États-Unis. Les Deming, Suzaki, Sérieyx, et autres ténors mondiaux de la joie dans le travail peuvent aller se rhabiller. Leur popularité est une usurpation, un espionnage industriel, et leurs conférences sont un plagiat éhonté. En réalité, le nouvel humanisme industriel a sans l'ombre d'un doute son point d'origine à Drummondville, chef-lieu de la culture psy et de l'incubation des PME, parce que Drummondville est un microclimat de la pensée sectaire. Mais j'aurais sans doute pu aussi bien dire Trois-Rivières, ou n'importe quelle bourgade de l'action catholique productive. Trois cas vécus, à mille autres semblables, situeront un peu mieux l'école de Drummondville comme manifestation de l'idéologie psy au travail[1]. L'ambiance de ces exemples est celle qui fait école.

1) Jean-Guy a été congédié par son patron. Mais ce dernier lui a calmement et longuement expliqué, lors d'une réunion du groupe d'entraide du PAE[2], qu'il avait été extrêmement difficile pour lui, du point de vue émotif, de prendre une telle déci-

1. On a changé les noms des personnes pour préserver l'intégrité des innocents.

2. Programme d'aide aux employés.

sion, parce qu'il s'agissait d'une forme de déchirure symbolique dans le corps de l'entreprise. C'est alors que Gérard, le contrôleur, souligna au patron, en l'appelant par son prénom, qu'il le trouvait extrêmement courageux de pouvoir verbaliser en groupe une telle émotion. Il ajouta que c'était sans doute la raison pour laquelle il était le patron. Quant à Jean-Guy, il se présenta au bureau de l'assurance-chômage en proie à une forte poussée de culpabilité à l'idée d'avoir ainsi déçu l'amour sincère de son supérieur.

2) Gilbert et Réjean, deux policiers contre lesquels fut déposée une plainte pour abus de pouvoir, témoignèrent devant le comité de discipline de leur profession. Ils alléguèrent que cette épreuve bouleversait leur vécu intérieur et par conséquent l'image du bon policier qu'ils avaient d'eux-mêmes, ce qui, au demeurant, constituait une peine largement plus éprouvante que n'importe quelle sanction. Le comité de discipline de la force policière tint compte des représentations syndicales, d'ailleurs appuyées par l'intervention d'un psychologue, pour limiter leur peine à une sévère réprimande verbale. Tout cela, on s'en doute bien, fut une nouvelle épreuve pour les deux hommes.

3) Lors d'une séance de bungie *à Sainte-Adèle, le P. D. G. d'une PME manufacturière, accompagné de son directeur des ressources humaines, a pu évaluer le degré d'audace des candidats au poste de directeur des ventes. On a finalement retenu un individu qui fit preuve d'une créativité indéniable, celui-ci ayant demandé qu'on ne lui attache qu'un seul pied. Le candidat est actuellement en formation à l'Institut pour l'Authenticité de la Vente, pour un stage de trois mois, en vue de raffermir les pans de son moi encore mal soudés à la vocation particulière de l'entreprise. Faisant d'une pierre deux coups, l'heureux candidat a pu profiter de sa période de formation pour soigner ses ligaments déchirés.*

La pensée qui inspire chacun de ces trois événements est sans aucun doute «psy d'origine contrôlée». À ce stade de développement de cette pensée, la présence du psy est accessoire. On comprend néanmoins qu'un psy, ou quelque autre vizir analogue, est passé par là. L'idéologie psy traverse toutes les modes industrielles : excellence, développement organisationnel, qualité totale, amélioration continue, etc. Les *jingles* changent, mais les fondements restent les mêmes : laisser croire que la compétition produit de l'amour ; laisser croire que là où on pense fric d'abord, la politesse et l'altruisme guident la gestion ; laisser croire que le ciment d'une organisation c'est l'orgasme collectif du travail bien fait, pas les petits intérêts mesquins et bassement personnels de ses membres.

Tout le battage sur les manageurs, leurs gros soucis et leurs petits chagrins n'est peut-être qu'un moyen publicitaire pour leur vendre toutes sortes de choses superflues (des revues de management, des ordinateurs, des conseils...). Les ouvriers, les employés n'aspirent peut-être qu'à un travail moins fatigant, moins long, et moins absorbant aussi, pour leur permettre de commencer, le plus tôt possible dans l'après-midi et dans l'existence, à faire des tas de choses qui les intéressent, loin de la surveillance du chef de service, et loin aussi de la sollicitude du psychologue... (Maurice de Montmollin, *Les Psychopitres*).

La vérité de la pensée psy à l'usine, la vérité de l'école de Drummondville, c'est l'énergie positive du profit. La culture psy au travail, c'est l'admirable tango des potentats sarcastiques et de la manipulation par le Ra ! Ra ! Ra ! L'idéologie psy atteint tout le monde : du patron à l'ouvrier, du chef d'équipe au cadre supérieur. Cependant qu'à la différence de l'ouvrier, le patron a l'intelligence de son capital. Il sait tout aussi bien jouer de l'idéologie psy, jouer au psy, parler psy, engager des psy, qu'il peut en être l'innocente victime. Quand je dis psy, le terme est générique. Dans l'entreprise d'aujourd'hui, tout le monde fait le psy. Peu importe leur origine ou leur formation, tous les consultants sont psy. Ainsi donc, la technostructure industrielle est peuplée de psy-psy, d'ingénieurs-psy, de comptables-psy, d'administrateurs-psy, d'avocats-psy, de notaires-psy, de spécialistes-psy en relations industrielles, tous prêchant l'abord psy de leurs compétences, tous prônant un humanisme à tous crins, tous se lançant dans une relecture psy de la machine à profit.

Il y a eu deux époques du psy à l'usine. D'abord l'ère de la méfiance, celle d'avant 1975, période au cours de laquelle le psy cherche à séduire les patrons en jouant les flics. C'est l'époque des *Psychopitres* de Maurice de Montmollin. Dans son livre, Montmollin met en lumière la tragicomédie du psy-flic qui, tests en main, prétend mettre de l'ordre dans l'organisation du travail en départageant l'ivraie du bon grain. Puis, il y eut la seconde période, celle qui se poursuit aujourd'hui, celle du *face lift* moral, celle où patrons et psy réconcilient récession et communication sous le faux prétexte de démocratiser le pouvoir du capital. La récession force la conciliation. La communication crée le piège à cons.

Quand il y a enjeu, il y a lutte. La lutte signifie : au plus fort la poche. Les affaires, c'est de la lutte. L'idéologie psy entretient le mythe que cette lutte est une sorte de WWF économique et que les méchants sont d'honnêtes pères de famille qui rentrent à la maison donner le biberon après avoir simulé la clé de bras japonaise ou la torsion des amourettes. La responsabilité sociale et humanitaire du capitalisme est un slogan psy aussi creux que la faille de San Andreas. L'éthique d'entreprise est un séisme psy de moins trente à l'échelle Richter. La secousse est implosive. En vérité, le capital, ça change pas le monde, sauf que...

Autre effet « schizophrénogène » de la culture psy en général et des psy en particulier : convaincre les actionnaires majoritaires des entreprises que leurs profits servent à améliorer le sort de leurs concitoyens et de la société en général. L'effet a produit la publicité dite « sociétale » ou le marketing humanitaire, dont l'objectif est de démontrer l'incontournable parenté entre la recherche du profit et l'action humanitaire. Benetton est un exemple évident de cet effort. Mais Air Canada, avec ses citoyens du monde qui chantent *I Say Hello!* en chœur, ne laisse pas sa place non plus. Achetez mon produit, vous sauverez un petit nègre. La société évolue. Avant, on achetait le petit nègre directement. Et toute cette évolution de la pensée en affaires, c'est à l'école de Drummondville qu'on la doit.

Drummondville, berceau de la pensée psy. Drummondville, cité de toutes les railleries, qu'aucun des retors humoristes n'épargne. Drummondville, bouillon de la culture profonde de notre société. Drummondville, microclimat intellectuel de notre identité québécoise. La culture psy y fleurit mieux que nulle part ailleurs.

C'est à Drummondville que j'ai rencontré pour la première fois les associés de la firme CIRCA, un partenaire du Groupement québécois d'entreprises, dont Radio-

Canada a beaucoup parlé à l'automne 1994, un peu après le suicide collectif de l'Ordre du temple solaire. Un des dirigeants d'entreprise membre du GQE et client de la firme CIRCA m'expliqua à cette époque comment il avait développé chez lui, avec ses employés, une technique efficace de résolution de problèmes. Tout employé récalcitrant était convié à une «session» où il faisait face à l'interprétation d'un petit groupe d'élus sensibles à l'acceptation inconditionnelle de la parole regénératrice. J'ai alors réagi en disant au patron en question qu'il avait probablement mal compris l'enseignement de CIRCA parce que ce qu'il me décrivait là, dans la forme et dans le contenu, était ni plus ni moins une technique de contrôle propre aux sectes. Ce fut ma dernière présence à l'un de ces colloques.

Drummondville, origine de la pensée, mais aussi Rouyn-Noranda, Rimouski, Chicoutimi. L'idéologie psy dans l'entreprise commence loin des grands centres. Mieux qu'à Montréal, la métropole étant pervertie par les influences culturelles diverses d'une population aux origines multiples. Parce que la culture psy est avant toute chose occidentale. Les éléments étrangers qui la composent, de la méditation transcendantale au *Kāma Sūtra*, ne sont que des épiphénomènes, des exportations adaptées à la réalité nord-américaine, parfois à l'européenne. Quant à l'école de Drummondville, elle a ses gourous, la plupart du temps des stentors de la psy-pop.

Luôar Yaugud, maître zen abitibien, a bien compris l'évolution sociale de ses semblables en passant de la chanson et de la poésie à la motivatologie. Aujourd'hui, Yaugud fait vrombir l'ego transcendantal des jeunes cadres dynamiques en offrant ses services à des tarifs d'entreprise. Socialiste de la première heure, il offre également des « concerts (à 5 piastres !) méditatifs, aux confins de l'Orient et de l'Occident », avec l'aide d'un certain Daniel Zekkout (active ?). Pas plus fou qu'un autre, Raoul.

Si le discours de l'idéologie psy s'adresse en priorité au camarade-patron pour lui vanter les bienfaits de la communication, de l'ouverture et de la transparence en gestion, son métadiscours s'adresse en vérité à l'employé. En substance, il dit à peu près ceci :

> Changez votre opinion et votre façon d'estimer votre employeur. Sentez, sachez qu'il met en pratique la règle d'or et la loi de l'amour ; il répondra en conséquence (Joseph Murphy, *La Puissance de votre subsconscient*).

La philosophie de l'école de Drummondville est un mélange harmonieux des idées les plus originales des Chevaliers de Colomb, de Gilberte Côté-Mercier, de Lee Iaccoca et de Jacques Lacan. Il existe plusieurs factions de cette école et on peut aujourd'hui parler sans se tromper d'une véritable diaspora de ses disciples. Dans les colloques du GQE, on peut entendre des choses étonnantes et des témoignages émouvants, comme celui d'un entrepreneur aux prises avec la difficile acceptation du succès, ou un témoignage sur le douloureux congédiement d'un employé difficile ou sur l'appui essentiel de la charmante épouse du patron dans la mise en œuvre d'un lock-out. Et les patrons en redemandent.

Tout cela est très sérieux. Les intellectuels auraient tort de prendre à la légère ce courant de pensée important. Il n'est ni le fait de quelques illuminés ni le résultat d'un activisme sectaire. Le courant de pensée de l'école de Drummondville a d'ailleurs investi les chaires respectables de nos établissements universitaires. Des penseurs arides et austères lui ont donné un tour plus gracieux, moins terroir, plus théorique. Pas un numéro de la prestigieuse revue *Gestion* sans un petit article psy. D'étonnants ouvrages ont été publiés sur «l'entreprise névrosée», sur «l'intériorité», sur «la gestion et l'organisation», sur «l'imaginaire du leader»; j'en passe, et des meilleures. Même l'École des hautes études commerciales est devenue un repaire de psy qui font du commerce humanitaire. Les vrais comptables doivent ronger leur frein; aujourd'hui, l'important ce n'est pas le bilan, c'est l'échelle des besoins. Ça donne des choses du genre:

> En gestion, l'univers fantasmatique du dirigeant, son univers intérieur, son imaginaire sont à l'origine de sa vision, de son imagination et de sa créativité. Le « génie propre » du gestionnaire prend sa source dans son intériorité [...] C'est dans l'intériorité qu'on trouve non seulement la source de son authenticité, mais aussi de sa véritable force... (Laurent Lapierre, *Intériorité, Gestion et Organisation dans* Chanlat, Jean-François, *L'Individu dans l'organisation : la dimension oubliée.*)

Comment sortir de cette mélasse ? Je n'en sais rien. Peut-être en ne perdant pas de vue que les questions d'argent sont des questions d'intérêt. Dès qu'on dispose d'une assiette pour deux personnes, il faut nécessairement trouver des convergences d'intérêts, sinon c'est le bordel. Mais trouver un intérêt commun, partager, laisser aller, faire preuve de générosité n'est ni naturel, ni humain. On s'astreint au partage de sa propriété uniquement lorsqu'il n'y a pas d'autre avenue. Prétendre le contraire, c'est faire le jeu de l'idéologie psy.

Faire de l'argent ensemble, c'est nécessairement se rendre compte du plaisir à jouir seul de tout le fric. C'est aussi en faire son deuil, si on a besoin de l'autre pour le gagner. Finalement, le travail se résume à peu de choses : un compromis qui, dans le meilleur des cas, n'est pas trop chiant.

L'entreprise n'est ni l'éden retrouvé de la félicité productive, ni le groupe de thérapie d'un âge d'or qui arrive. Très peu de gens ont la chance et les ressources de faire un travail à la fois valorisant, rémunérateur et intéressant. Ceux qui le peuvent sont des stars, voire des professionnels du sport. C'est rare. Mais le psy s'intéresse tout de même aux stars. Le psy est une *groupie*.

7

Psychologue sportif

Depuis Masters et Johnson, on sait que la performance est une condition de la mise en train psychologique. Les trois lieux d'expression de la performance sont l'entreprise, le cul, le sport. Le cul est payant ; les psy et ceux qui les engagent savent que le point G fait grimper l'audience. Mais le vrai territoire de la performance, c'est le sport. Si la performance dépend de l'esprit, le psy, comme spécialiste de la chose mentale, est légitimement convaincu de pouvoir y tremper le museau. La psychologie du sport est un créneau récent pour le psy qui vise un segment d'élite. Mais on s'attaquera sûrement bientôt aux joueurs de billard du week-end, considérant l'effet que peut avoir une mauvaise performance sur l'humeur générale du sportif de masse.

La psy dans le sport ne vient pas de Drummondville. Contrairement à ce qu'en disent les spécialistes, elle ne trouve pas non plus son origine en Californie ou dans les universités américaines. La psychologie du sport est un mythe communiste. Pas un mythe pour communiste, un mythe sur les communistes. Sur la scientificité de leurs techniques d'entraînement. Sur les moyens mis en œuvre aux belles heures du régime Brejnev pour faire scintiller la faucille et le marteau aux Jeux olympiques ou aux championnats du monde. Sur ce flegme et cette incroyable prestance des Rouges dans les moments de tension.

Le Québécois se souvient : 1972, la Série du siècle. Ils étaient venus pour apprendre, mais ils donnèrent à nos hockeyeurs la plus formidable leçon de grâce, de stratégie et de force mentale qu'il était possible d'imaginer. Et cela pendant qu'à l'autre bout du monde d'autres athlètes olympiques, tout aussi russes et flamboyants que les hockeyeurs en sol canadien, raflaient la majorité des médailles. Yakushev, Kharlamov, Tretiak, des noms profondément enfouis dans l'inconscient collectif des Québécois. Des noms entourés de mystère. L'ambiance tenait du *Rocky VI* avant l'heure. Le méchant communiste avait développé des moyens d'entraînement physique et mental relevant de la plus haute technologie. Des techniques modernes, innovatrices, aux effets insoupçonnés.

Jusque-là, notre hockey avait consisté à sauter sur la glace et à patiner plus vite, à lancer plus fort, à frapper plus dur que l'adversaire. Nos vedettes perdaient leur excédent de poids pendant le premier tiers de la saison, ingurgitaient des quantités astronomiques d'œufs et de steaks pour conserver leur énergie et déployaient toute leur habileté pendant les éliminatoires de la coupe Stanley. Les gamins qui rêvaient à la Ligue nationale copiaient leurs aînés en défonçant des filets improvisés avant d'aller souper. Joli temps, simple, ordonné, passionnant. Puis il y eut la douloureuse tornade. Maudits communistes !

Pourtant, au même moment, le professeur Gaston Marcotte appliquait les mêmes principes, les mêmes méthodes et les mêmes techniques d'entraînement que les Russes à son École Moderne de hockey de l'Université de Montréal. De mauvaises langues prétendirent même qu'il aurait été un peu responsable du succès des Russes, compte tenu de ses voyages là-bas et des échanges interuniversitaires auxquels il aurait participé avec ses acolytes penseurs, les Thiffault, les Pelchat, les Larivière, en compagnie du grand maître soviétique Anatoly Tarasov. D'autres mauvaises langues prétendirent de plus que le hockey russe, apparemment tellement supérieur, n'était en fait que l'application du traditionnel hockey canadien à son meilleur, celui de l'époque des Richard, des Plante, des Béliveau. C'était l'époque d'avant l'apologie de l'amateurisme. En fait, les Russes ne faisaient rien de plus que nos «pelousards». Ce qui les faisait patiner plus vite, c'était la hantise du froid sibérien et l'enviable accession à la *nomenklatura.* Rien d'autre. Mais, de ce côté-ci du mur, le mythe fut prétexte à théorie.

Et la jonction se fit. Le succès soviétique vint enfin redonner du prestige à nos universitaires boudés. Les professeurs se virent ouvrir les portes de la Ligne nationale de hockey après l'écroulement de la coupe Défi en 1979. Ils y accédèrent mais, il est vrai, avec un succès relatif. Toutefois, là n'est pas la question. L'intérêt de l'histoire, c'est qu'en faisant entrer l'intellectuel dans le sport on entraîne avec lui ses manies. L'éducation physique a été très tôt traversée par le courant psy. Les «docteurs en hockey» avaient lu Freud, mais ça ne suffisait pas. Sous l'influence des mouvements de croissance personnelle, de visualisation et de contrôle du subconscient fraîchement élaborés en Californie, le hockey s'ouvrit officiellement à la psy. Dans certains cas, les consultations tinrent davantage de la séance de motivation à la Jean-Marc Chaput qu'à la clinique. Dans d'autres cas encore, il en allait de la guérison d'une équipe contre-performante, comme durant la saison 1993-1994 au cours de laquelle les Nordiques de Québec firent intervenir deux psy pour soutenir Pierre Pagé et son équipe. Il est vrai, sans beaucoup de succès...

Le mythe soviétique avait donc servi la cause de l'idéologie psy. Une fois saturées les possibilités de développement de l'équipement et de la biologie de l'athlète, l'espoir de gagner ne pouvait plus dépendre que de la psy, du psy lui-même, de ses grigris et de ses talismans. Depuis, on sait l'importance prise dans le sport par ces psy prétentieux qui s'attribuent *de facto* le mérite de l'ultime performance. Jamais directement, bien sûr. Sont pas cons, les psy. Mais, sans eux, comment l'athlète pourrait-il atteindre de tels sommets ? Sans eux, comment ces adolescents pourraient-ils faire preuve d'autant de maturité et de cran à un âge si tendre ? Sans eux, comment souder l'esprit d'équipe dans une acceptation inconditionnelle d'un *coach* irascible ou alcoolique ? Les psy du sport vivent de la performance. L'enjeu de la performance, c'est le fric. Tant mieux pour l'athlète. C'est bon, le fric. Mais le psy là-dedans, il n'a pas un peu perdu de vue les principes de sa prétendue profession ? Ne cautionne-t-il pas des situations personnelles éprouvantes par sa seule présence, légitimant un entraînement et des conditionnements dont l'athlète lui-même ne se relèvera que difficilement dans l'après-carrière de l'après-Métropolitaine et de l'après-Banque Nationale ? Le psy travaille-t-il au bien-être d'une personne ou veille-t-il aux intérêts de l'organisation sportive ?

> Faute d'une grande théorie explicative des phénomènes mentaux, non élaborée à ce jour, nous tentons simplement d'expliciter « comment » ça marche, en précisant les conditions à réunir pour améliorer la performance du sportif. [...] la formation des psychologues du sport, en France est quasi inexistante. Il en résulte une double dérive. La première est de considérer le sportif comme un malade mental, et de lui appliquer des modèles et des méthodes psychopathologiques. [...] La seconde est d'introduire des sortes de gourous en jouant involontairement sur le besoin de croyance des sportifs. Le problème de la formation des psychologues du sport ouvre donc un débat essentiel (Christine Le Scanff, « L'esprit incorporé », dans *Autrement,* « Le corps surnaturé »).

Jusqu'à tout récemment, le journal *La Presse* possédait son psy du sport, bien en évidence, dans les pages de son tabloïd. Dans une espèce de courrier du cœur entraîné et fortifié, une formule à la Solange Harvey, le psy ergotait. Je n'ai rien contre Solange Harvey. On sait que ses propos n'engagent qu'elle. Si par malheur elle laisse échapper une connerie, c'est elle qui la dit. Elle n'est professionnelle qu'en ce qui concerne ses opinions et ses jugements sont comme des oignons qu'on coupe. Des fois on pleure, des fois non. Par contre, si c'est un psy qui sourit, c'est toute une société qui a l'air niais, tout un peuple qui nigaude, tous les amateurs de sport qui trinquent sur le divan. Le psy possède la crédibilité sociale d'une profession, d'une science, d'une médecine.

Un psy dans le sport nuit aux assistances; c'est ma théorie. À force de nous empêcher de danser en rond en faisant de la psy jusque dans la culture du sirop d'érable en Arménie, les psy gâchent le plaisir spontané et limpide du fan. On analyse, on scrute, on paralyse. Pas possible de regarder simplement, d'apprécier bêtement, d'encourager lourdement. Non, l'amateur doit être un connaisseur et le vrai connaisseur saisit l'âme de l'athlète, du *coach,* des juges de lignes et de l'arbitre. L'amateur connaisseur est même devenu une question de fierté nationale: le connaisseur de hockey québécois est la contrepartie du connaisseur de baseball floridien. Malheureusement, plus on devient connaisseur, plus on travaille du bonnet. Plus on travaille du bonnet, moins on s'amuse. C'est forcé. Le psy gâche le plaisir de la foule.

La psy dans le sport, c'est la plus rigolote

des inventions de l'idéologie psy. Pour vivre de cela, il faut être cynique ou *groupie*. Ou les deux. Déjà que la psy a l'air bête en clinique, que diable vient-elle faire dans les stades ? Je tente une réponse : la psy du sport a pour fonction de résoudre les problèmes qu'elle a elle-même créés en s'instaurant comme nécessaire dans un univers qui, traditionnellement, avait justement pour fonction de chasser les mauvaises pensées. Le sport était l'opium du peuple ; les psy l'ont transformé en vaste meeting AA. La psy du sport est un stéroïde spirituel inefficace, mais dangereux pour l'humeur. On devrait bannir les athlètes qui en font usage.

> Manon Rhéaume a éprouvé des problèmes au camp de sélection de l'équipe féminine qui représentera le Canada au championnat du monde. Elle a été obligée de s'ajuster au jeu beaucoup plus lent que dans l'Eastern Coast League.
>
> – Les filles sont moins rapides et moins imposantes physiquement et les tirs sont naturellement moins puissants. Je dois me réadapter au hockey féminin, dit-elle.
>
> Manon en a même discuté avec le psychologue de l'équipe afin que ce spécialiste l'aide à combattre ses inquiétudes (*Journal de Montréal,* 8 février 1994).

Manon est devenue tellement bonne à force de jouer avec les gars qu'elle a développé une sorte de névrose qui la paralyse face aux joueuses de son sexe, une forme plus ou moins tordue de complexe de castration inversé par l'identification projective. Manon souffre de l'infériorité des autres joueuses et, de ce fait, elle laisse passer les rondelles. Appelons ça la solidarité féminine ou la culpabilité féministe. N'importe quoi en fait. Mais la seule et unique prescription valable, c'est la suivante :

« Pratique, Manon, lâche pas, ça va revenir ! Congédie ton psy. Dès qu'il sera loin, tu te sentiras plus autonome et moins sujette à ce genre d'angoisse. »

Surtout si le psy est un beau mec ou une bonne maman à la Penelope Leach. La vie, ça pousse tout seul. Parfois, on a tort de l'oublier. Ma grand-mère appelait ça la « grâce d'état ». C'est lorsqu'on est seul et acculé au mur qu'on trouve les ressources nécessaires pour régler ses problèmes. Sinon, la nature humaine étant, par définition, fort encline à la paresse, on laisse le psy faire le travail.

Dans la formule actuelle de son émission, Yvan Martineau, l'animateur de *Sports plus extra* à TQS, dessine le profil psychologique de ses invités. C'est bizarre. Martineau est un journaliste populaire. Pourquoi nous impose-t-il ce genre d'exercice ridicule ? Par dérision ? Pour faire sérieux ? Non. Parce que, comme tout le monde, il ne peut plus se passer de l'idéologie psy et de ses outils, les totems de la transcendante révélation de la nature humaine. On veut savoir. On veut voir. L'idéologie psy contamine les tribunes téléphoniques. Spécialistes et auditeurs, la plupart du temps des hommes, se laissent facilement aller à l'interprétation du vécu intérieur de l'athlète, comme si la performance ne suffisait plus. On doit « comprendre » le joueur, son entraîneur, parfois même sa famille. On doit expliquer les résultats obtenus par l'analyse des tendances intérieures de l'athlète.

Le cas du hockeyeur Stéphane Richer a sans doute été le plus étudié par les docteurs des tribunes téléphoniques. On a scruté ses relations familiales, amoureuses, financières. On a tiré des conclusions diverses. On a échafaudé toutes sortes de théories explicatives pour sauver cette vedette du hockey de sa propre médiocrité. Star infantilisée par les Penelope Leach de CKAC. Athlète psychanalysé par les Sigmund Freud de CJMS. Richer a été échangé et on n'en a plus entendu parler. Et la terre de continuer de tourner.

L'arrivée du journalisme humaniste vers la fin des années 70, plus particulièrement au journal *La Presse* avec les Foglia, Gobeil, Blanchard et Tremblay, n'est pas étrangère à l'apparition de cette curiosité envers la personne derrière la performance. Probablement parce que la petite bande d'enragés qui succédaient aux Jacques Beauchamp et compagnie ne « trippait » guère sur les froides mais glorieuses statistiques du club de hockey Canadien. Probablement aussi parce que les amusants tordus de *La Presse* se plaisaient à dénoncer les abus des organisations professionnelles et des fédérations sportives dans les relations qu'elles entretenaient avec les athlètes exploités.

Malheureusement, le vent de la contestation des années 70 entraînait avec lui l'odeur putride de l'idéologie psy ; les journalistes s'enfoncèrent toujours plus profondément dans la recherche de la causalité psychique chez l'athlète. Possible aussi qu'avec cinq chroniques de sport par semaine le jus vînt à manquer à certains journalistes et que la psy, dans son infinie profondeur, fournît le combustible nécessaire. Possible encore que la recherche de formules nouvelles pour expliquer et, surtout, pour commenter les contre-performances des individus, ait rendu impérieux le recours à l'intériorité. Mais ça rime à quoi, tout cela, pour le sport en tant que tel ? À rien du tout. La psy n'est pas là pour le sport, c'est l'inverse. Le sport n'a pas besoin du psy. Le sport, c'est chacun selon ses capacités, selon ses imperfections, selon son mérite. Le sport est un jeu.

C'est ce qui me permet de dire que les psy n'ont rien à foutre dans le sport. Ni dans le sport, ni ailleurs. Nulle part peut-être, sinon à l'université, dans leurs laboratoires et comme de simples citoyens, à préparer la reprise de leur examen socioprofessionnel, à réfléchir sur ce qu'ils provoquent en prétendant comprendre le comportement humain et à entreprendre une fondamentale réforme de cette prétentieuse discipline qui leur confère un statut immérité. Dans la marge de cette ambiguïté qu'ils admettent tolérer si bien, et qu'ils évaluent d'ailleurs comme un signe de santé, les psy ont à repenser totalement les rapports entre la recherche, la formation et les applications professionnelles de leur discipline. Éclatés et répartis dans toutes sortes de chapelles théoriques, tels de joyeux Sisyphes, ils palabrent sans fin sur des réformes qu'ils n'entreprennent jamais.

En 1976, je commençais ma formation de psychologue à l'Université de Montréal. Nous étions alors dans l'effervescence de la réforme du cursus, dont on parlait déjà depuis dix ans. Les professeurs de l'époque dissertaient en chœur sur la nécessité de cette réforme. D'assemblée départementale en assemblée départementale, on tentait de se mettre d'accord sur le format de la table de la salle de réunions. Vingt ans après, on en est toujours là. La seule chose qui change, c'est le titre des cours et la façon de les regrouper, d'obligatoires à facultatifs. De tout cela, la seule parole à retenir appartient au directeur du département de l'époque, le Dr Dollard Cormier, assiégé par des étudiants en colère au printemps 1980: «La formation que vous recevez ici est une culture. Elle n'est pas destinée à vous mener au marché du travail.» Même si je fus de ceux qui crièrent alors au scandale, je fais aujourd'hui amende honorable. Le Dr Cormier avait parfaitement raison.

Revenir en amont de cette application professionnelle des fragments de connaissance que la psy a générés depuis un siècle, s'arrêter un moment, faire une pause, voilà sans doute la seule attitude généreuse. Mais je rêve. Les psy ne risquent pas d'aller jusque-là. D'abord parce que les psy, tous autant qu'ils sont, ne voient pas le bout de leur propre champ d'action et qu'ils se multiplient à un rythme infernal. Aussi parce que les psy sont isolés les uns des autres. Également enfin parce que la fierté du psy professionnel et son besoin de gagner sa vie interfèrent directement (et qui peut l'en blâmer?) avec son sens critique. Dorénavant, les psy n'ont plus le contrôle de la puissante machine de l'idéologie psy. Une machine qui s'emballe. Tout le monde s'inspire de la psy. Parmi les fameux psy du sport, plusieurs ne sortent pas d'une formation de ce type, mais bien d'une concentration d'éducation physique ponctuée de cours psy d'appoint. La psy est partout. Tout le monde se l'arrache. Et les psy ont peur.

Mais le vrai problème n'est pas là. Le

problème tient au fait que le bon peuple ne voit rien de tout cela. Et qu'il a une confiance aveugle dans l'institution universitaire qui crée le psy. Le bon peuple a confiance dans le consensus social. Mais le consensus social est un trafic d'influences. Et le consensus social, légitimé par les institutions, affirme qu'un individu peut porter le titre de psy s'il répond à certaines exigences en matière de formation. Ce que ne dit pas le constat, c'est ce qu'il fera avec, comme on l'a vu avec l'épisode du psychologue raélien, ou avec tous ces psy patentés qui poussent la logique de l'Ordre professionnel à ses confins, en jouant sur les limites de l'acceptable dans le pop, le spirituel ou l'ésotérique. Ce que ne dit pas le constat, c'est que les psy partagent une origine universitaire, des influences et des manies, mais rarement un plan précis d'intervention. Ils ont réduit le syncrétisme à l'éclectisme, pour en faire une valeur morale, assimilant la réunion de thèses théoriquement inconciliables à la démocratie intellectuelle.

> L'éclectisme méprise l'art des combinaisons et des rapprochements contre nature ; il répudie tout ce qui, de près ou de loin, ressemble à du syncrétisme [...], ce rapprochement plus ou moins forcé de doctrines entièrement différentes (André Lalande, *Vocabulaire technique et critique de la philosophie*).

Le politicien, fort heureusement dépassé

par les querelles de ce genre, se garde bien de donner au psy, quelle que soit son orientation, voire au médecin psy, le droit exclusif de pratiquer la psychothérapie. Or, le politicien est le M. Jourdain de l'idéologie psy. Cette dernière a remplacé la phonétique chez le bourgeois gentilhomme. Il n'y a plus de maître de musique. Seulement un maître des consciences électorales. L'escroquerie psy est au pouvoir. Elle est dans le gouvernement.

je n' sais pas si le
facteur psy change (ou a
chang
radicalement
qqchose à l'âme
des politiciens ??
"
du cotidien "fardage
c'est sur, mais qt au
fond ... ???

8

Folie sur l'échiquier

L'idéologie psy est la folle de l'échiquier politique. La diagonale de son lobby porte ses fruits. Forcément. Aujourd'hui, on ne vote plus, on a un « comportement électoral ». Et qui dit comportement, dit analyse psy. Les politiciens n'ont jamais paru aussi ridicules qu'en ce moment, façonnés qu'ils sont par l'idéologie psy et par les spécialistes de la communication. On sculpte leur image en figeant leurs postures comme on répand des harengs sur un étalage. On les oriente à coups de sondages, sondages de l'âme humaine, de la popularité et du manque à gagner. Le sondage est le symptôme psy d'une culture dominée par la psy. Quand le pouvoir vacille devant l'inquiétante étrangeté de sa propre image reflétée par les sondages, c'est toute une conception de la liberté qui mue.

> La voie totalitaire est, pour les agents soumis déclarés libres et donc engagés dans leur soumission, la voie de la rationalisation des comportements prescrits. Le mode totalitaire d'exercice du pouvoir repose en effet sur la mise en relief des causes ou des valeurs au profit desquelles les conduites sont requises par l'agent qui exerce le pouvoir. Nul autre principe organisateur n'intervient que les valeurs que doivent réaliser ces conduites : « Tu devrais faire cela parce que la cause que nous défendons l'exige ; il en va de la réalisation de notre projet collectif. Maintenant tu es libre ; tu fais ce que tu veux, c'est à toi de voir » (Jean-Léon Beauvois, *Traité de la servitude libérale*).

Il s'agit bien d'un reflet. Le sondage est un écho. On lance une question en l'air pour la voir rebondir sur les pans escarpés de la conscience morale des masses. On s'étonne ensuite du ramdam que cela fait. Il n'y a plus de décideur, seulement des écouteurs. Le sondage est même devenu la forme politique la plus évoluée. L'élection ne suffit plus ; le référendum est nécessaire. Étapisme. Évaluons d'abord notre image au kilo avant de préparer le ragoût indigeste de nos idées. Doucement, l'un après l'autre, incorporons les ingrédients. Graduellement, une par une, ajoutons les épices de nos convictions. La politique ne se contente plus de consulter le psy, la politique est l'entier reflet de l'idéologie psy, de ses manoeuvres, habiles mais stériles, destinées à entretenir l'inertie, donc le pouvoir. Pouvoir d'un psy sur son patient. Pouvoir d'un homme sur le gouvernement. Irréductible convergence d'intérêts. Indestructible trafic d'influences.

Symptôme psy d'une culture dominée par la communication : le concept de tricherie n'a donc plus cours en politique, n'en déplaise à Jean-François Lisée qui, en tirant avec son colt rutilant sur le tricheur Bourassa, s'institua naguère justicier de la morale politique. Lisée est l'exemple du désarroi des intellectuels devant l'idéologie psy et le parfait exemple de leur défaite. Pourquoi le livre de Lisée ne fut-il pas prétexte à un « Meechgate » ? Comment expliquer que Bourassa n'ait pas crié à la diffamation ? Comment expliquer, par ailleurs, qu'on n'ait pas lynché Bourassa ?

Tout ça rappelle vaguement l'histoire de la réponse (jamais donnée) de l'ex-maire Drapeau au juge Malouf au sujet des coûts des Jeux olympiques de 1976. Les protagonistes de l'histoire sont évanescents comme des fantasmes. Un tricheur agit, pas Bourassa, pas le psy. Les psy-politiciens se caractérisent par les efforts qu'ils déploient pour ne pas intervenir, pour ne pas réagir, pour courir sur place. Ce que Lisée n'a pas dit, c'est que la tractation est devenue la forme la plus évoluée de la disponibilité affective du politicien. Bourassa, avec son ton monocorde, ses silences, sa neutralité bienveillante, sa peur du conflit et sa perpétuelle ambiguïté, fut l'incarnation de l'idéologie psy. C'est donc lui accorder beaucoup d'honneur que de l'affubler du surnom de tricheur, ou de naufrageur. Bientôt, on n'en reparlera plus. Parizeau devenu premier ministre, Johnson évanoui dans les errements d'une interminable succession, Bourassa aura été le stentor du pouvoir psy. Et Lisée sa vierge effarouchée. Un jour devenu conseiller.

> L'effet le plus ordinaire des révolutions que subissent les empires est de les faire passer de l'ordre au désordre, pour les ramener ensuite à l'ordre. Il n'a point été donné aux choses humaines de s'arrêter à un point fixe lorsqu'elles sont parvenues à leur plus haute perfection ; ne pouvant plus s'élever, elles descendent ; et pour la même raison quand elles ont touché au plus bas du désordre, faute de pouvoir tomber plus bas, elles remontent, et vont successivement ainsi du bien au mal et du mal au bien (Nicolas Machiavel, *Le Prince*).

Il y a de plus en plus de psy en politique. Chaque parti a son exemplaire. Est-ce l'intérêt du parti ou celui du psy qui provoque cet engouement soudain pour les ténors de la neutralité bienveillante ? Rien de tout cela, sinon qu'on n'attire pas les mouches avec du vinaigre. Et quand je dis vinaigre, c'est par respect, par pure politesse. La psy est à la politique ce que les dents sont aux poules : hautement antinomiques mais très dangereuses. Malheureusement, voici venu le temps des poules à dents. Révolue l'époque de la politique hostile des bons et des méchants, la politique transpersonnelle lui a succédé. C'est tellement vrai qu'on se sent traversé de part en part par les discours creux. Le modèle le plus efficace d'un pouvoir qui dure reste en effet celui du psy. Le psy nomme la dépendance thérapeutique l'« alliance » et l'autonomie du patient la « résistance ». Le psy convainc son patient que la dépendance thérapeutique lui sera bénéfique, tout en lui rappelant que la dépendance est le problème dont il souffre. Le psy est un politicien à l'échelle privée. Dans le privé, le politicien se comporte souvent comme un psy.

Après avoir relu pour la cinquième fois le fameux best-seller de Peter W. Peterson On se sent seul au sommet, *et en s'appuyant sur une étude de Harvard qui démontrait l'effet synergique du changement dans les groupes, un ministre du gouvernement québécois convint de la nécessité d'éliminer toutes les directions d'hôpitaux et de les remplacer par des comités mobiles chargés de gérer les facteurs de stress propres aux organisations publiques. En outre, il déposa un projet de loi spéciale pour déménager en périphérie des grands centres les services cliniques, médicaux et paramédicaux, le centre étant, selon la définition de Peterson, le pôle attractif de tous les conflits.*

Ironie. Fiction. Comédie. La psy n'a pas envahi le territoire politique à ce point-là et Peter W. Peterson n'a jamais existé. Toute ressemblance avec des personnes réelles est donc purement fortuite. Oui, môssieur ! Nos gouvernants ont des conseillers qui proposent des mesures rationnelles pour tous les problèmes. Les abstractions psy de cette nature n'ont pas force de loi. Les ministres s'en tiennent aux faits. Les sous-ministres ne croient pas aux élucubrations psy planant sur la gestion. Nos institutions, nos hôpitaux, nos CLSC, nos prisons, nos banques, notre économie ne sont pas le moins du monde affectés par le pouvoir psy. Par exemple, la création des comités consultatifs obéit à des impératifs d'efficacité et ils sont toujours branchés sur des orientations politiques claires. Et le père Noël existe...

Les comités eux-mêmes, comme les commissions parlementaires, sont des créatures démocratiques. L'objectif est net. Les enjeux sont clairs. Dire d'un gouvernement qu'il est d'abord une assemblée volontaire d'individus, et qu'en ce sens il est déterminé par la culture dont il émerge, ne change rien à l'affaire. Affirmer que les individus qui baignent dans une culture psy créent des gourvernements psy relèverait de la plus évidente mauvaise foi. Prétendre que le monde politique s'est enlisé dans la mélasse psy de la consultation et du non-interventionnisme, dans la prudence jusqu'à l'irresponsabilité, dans l'indécidabilité des images et des références psy, répondrait à une volonté subversive. Espérons tout de même que le doute sera maintenant créé. Les exemples de contamination du champ politique par la culture psy foisonnent. Les psy ont édulcoré les débats d'idées et les ont remplacés par la bienséance du dire. En voici un exemple.

Le contentieux Québec-Canada est une métaphore psy qui nous empoisonne la vie depuis plus de trente ans. Non contents de nous asséner à chaque référendum la réduction de la situation au conflit de couple, avec maman Québec qui veut divorcer de papa Canada, les inconscients propagandistes de l'idéologie psy, sitôt sortis du bureau de leur thérapeute, trouvent des façons toujours plus originales de parler d'un problème politique en causant psy. « Syndrome postréférendaire », disent les uns, « société à l'âge ingrat », disent les autres. Ainsi, le syndrome postréférendaire serait cet...

> état d'âme et d'esprit empreint de malaise et d'inquiétude qui se manifeste par divers événements, attitudes et comportements individuels et col-

lectifs depuis le référendum (Ouvrage collectif, *Le Syndrome postréférendaire*).

Traduisons en clair : incapables d'accepter la défaite, une bande d'indépendantistes péquistes recourent *ipso facto* au charabia psy pour affirmer que leurs objecteurs sont nécessairement des malades et leurs partenaires des âmes blessées. Ils publient un livre, *Le Syndrome postréférendaire,* dans lequel ils reproduisent certains actes du IIIe Congrès international psychiatrique et social de langue française de Val-d'Or, congrès au cours duquel les docteurs Migneault et Cousineau terrassent de clichés psychiatriques les méchants fédéralistes. C'est un indice du degré de surréalisme auquel nous élève l'idéologie psy.

Mieux vaut en rire, parce que ça tire les larmes. Pauvre Dr Migneault ! Il regrette amèrement de ne pas voir le fleurdelisé flotter dans le vent des nations à son congrès, au point de résister à l'impulsion d'en tricoter un (pure laine, bien sûr !), mais non pas à celle de sauter sur la tribune du congrès, telle une freudienne Marianne, impressionnant les congressistes européens qui n'y comprennent rien. Selon le médecin, les psychiatres auraient la responsabilité d'aborder explicitement cette question du malaise de l'âme québécoise. Bien voyons donc ! C'est sans compter sur le Dr Cousineau, qui voit dans la dénatalité, entre autres causes, le refus du Québec de devenir parent. Heureusement, le congrès aurait permis de savoir que, selon les psychiatres qui se sont penchés sur la question, « le Québec n'était pas actuellement en démarche suicidaire » (p. 12). Le congrès n'a pas précisé si le risque de suicide venait d'une possible intoxication médicamenteuse, ou bien du ridicule, parce que le ridicule tue. Intéressant aussi, le titre de cette préface proposée par l'éditeur de ce savoureux morceau d'humour noir qu'est *Le Syndrome postréférendaire,* Josette Ghedin Stanké, préface intitulée « Note d'accueil ». Autant d'amour fait peler. Autant de poéteux font marrer.

La politique se dissout peu à peu dans le prêchi-prêcha psy. Sondages et députés-psy certes, mais aussi analyses d'impact, désinformation et empathie idéologique. Vous pensiez que la politique consistait essentiellement à prendre une décision sur la base de ses convictions profondes, puis à soumettre cette décision à ses concitoyens pour obtenir leur accord ? Tenter de convaincre par des arguments fondés sur des faits ? Chercher à faire avancer sa cause à force de logique ? Décider d'abord, évaluer ensuite ? Détrompez-vous ! Avec l'avènement de la culture psy, la situation a évolué subtilement. Les politiciens ne décident plus, ils représentent. Comme au Congrès américain où on les affuble du titre de « représentants ». Ils ne sont que des représentations de l'autorité, au sens strict de l'étymologie. L'autorité de qui, on se le demande. Pas celle du peuple, en tout cas. L'autorité d'une époque, d'une idéologie conseillante.

> Partant, un prince doit toujours prendre conseil, mais quand il veut et non au gré des autres ; au contraire, il doit ôter l'envie à chacun de lui donner conseil qu'il ne le lui demande (Nicolas Machiavel, *Le Prince*).

Tout le monde y perd son latin. Les économistes, les sociologues, les gens d'affaires, les artistes, les fonctionnaires, les syndicalistes, les journalistes, les mères au foyer, les ecclésiastiques, les professionnels. Tous regardent voguer le radeau en s'effrayant de l'insondable horizon, parce que le timonier a les yeux bandés. Bandés par l'idéologie psy. Bandés par l'occasion que lui fournit la culture psy de faire comme s'il ne voyait rien venir. Et ça déficite par-ci, et ça chômage par-là. La macroéconomie est tellement complexe ! Les appareils d'État sont des systèmes tellement complexes ! L'opinion publique est tellement complexe ! Oui, et alors ? On le sait maintenant, la complexité, c'est le petit-lait de l'idéologie.

Forcément, quand la psy contamine le pouvoir, tous les louveteaux qui tètent la louve assimilent le virus. Tous les appendices du pouvoir se sclérosent. Tous ses excipients se corrompent. On comprend que, là comme ailleurs, les ministres sonnés du clocher, ceux-là mêmes qui plantent des rutabagas en adorant le soleil avec la bénédiction d'Hydro-Québec, ne sont pas les plus dangereux. Facilement identifiables, tous les André Arthur du monde leur tombent dessus au premier crac-crac des racines, ils ajoutent eux aussi au folklore de l'arrière-pays beauceron. Comme les prétendus charlatans de la psy, les illuminés de la politique alimentent des scandales que des spectateurs intéressés ingurgitent en se gaussant de leur propre éthique et de leur inaltérable probité.

Puis vint le psy politicien, ou le politicien converti à la pensée psy, qui, non content de s'être sorti du bourbier de son mal-être personnel, en distille une nouvelle pensée politique. Ces anciens ou actuels ministres, rongés par la drogue ou l'alcool, retrouvent dans le charisme de la pensée positive le salut de l'engagement public. On ne peut rien retenir contre ces vigoureux contrits, contre ces Gilles Baril, contre ces Yvon Picotte ; ce sont de sympathiques personnages à la pathétique destinée. Mais de là à adhérer à leur foi nouvelle en l'écologie mentale, il y a une marge. Se sortant d'une déchéance privée, ils en font aussitôt un succès public. Forme hybride du *preacher* et du chef scout, ils se lancent à l'assaut de la misère humaine avec un bel entrain qui, à bon droit, peut faire peur. Ces gens-là veulent tellement de bien à l'humanité que si jamais ils arrivent à leur fin, quelle catastrophe! Fort heureusement, on peut soupçonner l'existence d'un psy rêvassant dans leur dos, à deux pas, à moitié endormi dans son fauteuil. Ce qui entretient l'espoir qu'il leur ménagera juste assez de misère pour nous éviter le pire: un premier ministre d'un tel cru.

À l'autre bout du spectre, on retrouve par ailleurs le politicien bien sous tous rapports, BCBG de la conscience morale, habituellement formé sur le tas des grandes écoutes radiophoniques, et portant de préférence le tailleur chic, ou le costume italien de chez Sack's. Les Français ont leur Jack Lang, leur Bernard Tapie, nous avons aussi nos spécimens, les Liza Frulla, les Marcel Masse. Ils sont là où ça se passe et on ne voit qu'eux. On ne voit que leur immanquable sourire psy, témoignage de cette inconditionnelle acceptation de l'autre, et en particulier de l'autre qui fait pitié. Entre autres profiteurs de leur bonté, l'artiste est leur patient. Et l'artiste s'en porte mieux. En tout cas, ceux qui parlent au nom des artistes le prétendent.

Ces personnages de notre vie politique sont sans aucun doute les plus brillants révélateurs de l'idéologie psy, que d'aucuns appellent à tort la *political correctness*, à tort parce que l'expression réduit sensiblement le problème. Ils sont si beaux qu'on a peine à croire qu'ils existent. Ils sont habituellement destinés à une fonction élevée, en l'occurrence la direction d'un parti, d'une ville, d'une province, voire d'un pays, et tout cela par amour du pauvre. Et le pauvre les croit, comme le patient croit son psy. Et le pauvre artiste profite de sa dépendance à l'égard des organismes publics en se répétant souvent que si le succès corrompt, le succès financier corrompt l'art absolument. Mais, apparemment, le pouvoir et l'art peuvent faire bon ménage. C'est ce que laissent entendre les discours enflammés du président de l'Union des artistes, Serge Turgeon.

Les artistes d'aujourd'hui ont des familles, des hypothèques, parfois des chalets dans le Nord. Exactement comme les patients du psy. Société de patients attendant fébrilement le fantasme de la grande libération, de la consécration, de l'extase narcissique. Cette catégorie de politiciens à la gauche sollicitude omet toujours de rappeler la dure réalité des choses : l'art, comme la psychologie, n'existe vraiment que dans la polémique. Sinon c'est de l'artisanat. Et, aujourd'hui, il faut être drôlement solide, c'est-à-dire très bien appuyé par l'opinion publique, pour tenir tête à l'État psy et à ses organismes parallèles de censure déguisée en autant d'abbé Pierre du Créateur.

> Si les États totalitaires s'attachent à mater la société civile, l'État libéral diffuse sur l'ensemble du corps social des modèles qui émanent de la société

> civile. Mais, il faut en convenir, pas n'importe lesquels. [...] Les tenants de cette nouvelle manière d'ordre moral appellent volontiers cela un « savoir-être ». Les gens bien sont ici appelés en effet à devenir les gens « psychologiquement » bien, les gens « à potentiel », désireux de « se prendre en charge », de « bâtir un projet personnel ». [...] Les exclus seront ceux qui s'écartent de ces prototypes [...] ou tout simplement ceux qui n'auront pas eu ou les moyens ou le goût de se vivre et de se faire reconnaître sur le mode de cette certaine psychologie. La brebis galeuse n'est plus alors qu'un mouton noir (Jean-Léon Beauvois, *Traité de la servitude libérale*).

Un certain libéralisme se nourrit aujourd'hui de l'idéologie et du discours psy. Certains parlent de langue de bois. D'autres de *correctness.* D'une façon ou d'une autre, les enjeux réels du pouvoir sont occultés au profit d'une acceptation factice des différences individuelles. La rectitude politique découle ainsi de la place toujours grandissante prise, dans la légitimation du pouvoir, par l'intériorité du citoyen moyen. Le psychologisme s'est imposé graduellement de l'individu à une philosophie, puis à une médecine, ensuite d'une médecine à un mode de vie, puis encore de ce mode de vie à des normes, enfin des normes à l'organisation sociale et de celle-ci aux individus. C'est la raison pour laquelle la rectitude politique me semble procéder de l'idéologie psy et non l'inverse. Tout le monde le dit : finis les grands discours sociologiques, ces fortes pensées, ces combats exaltants morts au tournant des années 70. On s'est rendu compte que l'homme était retors, et la femme aussi. Quoi donc ? Puisque la nature humaine est fourbe, n'y a-t-il plus rien à attendre des mouvements collectifs ? En cette fin de parcours, la seule bouée politiquement rentable reste l'idéologie psy.

Qui furent les imbéciles en France, en 1968 ? Les ouvriers qui profitèrent de la débandade du gouvernement pour se donner des ententes collectives blindées ou les étudiants qui furent débordés par leur extrême gauche soudainement devenue moins pressée de faire arriver le Grand Soir ? L'hiatus est large. L'hiatus a été extrêmement large entre l'utopie de l'uniformisation des rêves et le repli sur l'ordinaire commun. La pensée psy a fait son travail. Nommez-les, ces grands psy, les Bettelheim, les Erickson, les Lacan ; ils ont tous eu quelque chose à redire du mouvement collectif de l'époque. Erickson dégageant une typologie clinique des révoltés, Bettelheim cinglant les étudiants sur les campus et Lacan, égal à lui-même, mettant tout le monde en garde contre la castration. Depuis, tout est égal par ailleurs et les formules d'antan sont toujours aussi actuelles.

> Si aujourd'hui le sport et les idoles rassemblent des foules que les partis politiques ne peuvent plus, de très loin, rêver de réunir, c'est parce que depuis longtemps déjà les masses rassemblées par la politique n'étaient que des masses de spectateurs passifs devant des idoles trompeuses. Mais ces spectateurs passés franchement à la contemplation de compétitions futiles y portent leur insatisfaction. À Lima, une falsification dans le spectacle superficiel a suffi pour réveiller un refus radical, qui s'en prend à la totalité de la falsification spectaculaire. On peut ainsi être assuré que le psychodrame fera faillite avant d'avoir rempli la fonction de crétinisation qu'en attendent ses desservants (*Internationale situationniste,* août 1964).

L'idéologie psy nous traverse de part en part. La culture psy nous donne l'illusion de pouvoir nous démarquer dans le grand magma social de l'indifférence. Dans les réconfortantes certitudes de l'introspection, on devient quelqu'un, on s'éclate dans l'illusion du grand orgasme collectif. L'idéologie psy n'est pas le médium du message, elle est ce véhicule par lequel on comprend que tous les messages sont « médiums », plats, uniformes, prévisibles, politiquement corrects. L'idéologie psy est un phare au milieu de la mer ; elle n'a aucune utilité sinon que de créer le danger auquel elle prétend pallier. Il s'agit d'une vaste supercherie, d'un grand canular. L'idéologie psy est « la » désinformation par excellence parce qu'elle nous détourne du politique, seul susceptible d'infléchir l'insatisfaction face aux conditions de l'existence vers un changement effectif, à l'inverse d'une mécanisation des rapports humains. Cette idéologie soude ce qui devrait être disjoint et voguer librement. Elle ouvre la boîte de Pandore et délivre les malédictions du nombrilisme. Et tous les psy sont les escrocs de cette abomination...

9

L'escroc démasqué

Escroc. Celui qui tire quelque chose de quelqu'un par fourberie est un escroc, un filou, un aigrefin. L'idéologie psy est une escroquerie, un détournement de nos grands fonds, un jeu de mots frauduleux. Ceux qui en sont les propagateurs principaux, les psy officiels, ne méritent qu'une seule chose : se voir affublés du titre inhérent à la fourberie. La fraude du psy, c'est ce qu'on appelle le « paradoxe ». Le paradoxe, ou l'ubiquité, c'est d'être partout en même temps, de survivre à toutes les contradictions, d'investir à la fois l'envers et l'endroit. L'escroquerie du psy, c'est sa prétendue neutralité dans toutes les aires de la vie : l'art, la politique, l'économie, le divertissement, l'amour.

Les psy ont une telle habileté à vivre du paradoxe qu'ils ont acquis la ferme conviction que cet art consommé est à la base de leur profession. Ils y voient une légitimité professionnelle. Les psy tolèrent l'ambiguïté mieux que quiconque. De plus, ils ont réussi à convaincre la société dans son ensemble que cette tolérance était l'indication d'un savoir, d'une connaissance, d'une science. Qui, en dehors des psy, peut se targuer d'être le rejeton d'une pseudo-science qui vient de nulle part tout en revendiquant le droit social et politique à la reconnaissance professionnelle ? Le psy affirme d'un même souffle son incapacité à définir précisément ce qu'il fait (la psychothérapie) et sa compétence exclusive à juger quand et par qui la chose est bien faite (le contrôle professionnel). Le psy sait reconnaître un charlatan quand il en voit un. Mais le psy se reconnaît-il lui-même dans ses limites ? Dangereuse question. Une chatte y perdrait ses petits. Plus schizo que ça, tu meurs. On ne sait pas ce qu'on fait, mais on sait qu'on le fait mieux que les autres. Simple comme l'œuf de Colomb. Il fallait y penser. Et si, comme le pensait Boileau, « ce qui se conçoit bien s'énonce clairement et les mots pour le dire arrivent aisément », que penser de l'univers conceptuel des psy ?

Demandez à un psy d'expliquer en quoi consiste la psychothérapie et il bafouillera n'importe quoi pendant des heures. Parce que le psy a des lettres. Parce que le psy sait disserter. Parce que le psy, ne l'oublions pas, a minimalement traversé quatre ou cinq années d'université dans l'espoir d'apprendre à tout confondre. Si par malheur vous lui posez la question, il décrira avec verve et perspicacité ce que la chose n'est pas. Il sera toutefois bien circonspect quand il s'agira de donner des détails précis sur la chose et ses particularités.

Depuis le début de la psychologie professionnelle, les psy ont tenté de décrire les limites et les caractéristiques de leur champ d'action. Et ils se sont plantés dans le décor. Pour s'en convaincre, il suffit de tomber sur un numéro du journal de leur corporation professionnelle et d'y lire les palabres sur une hypothétique définition de la psychothérapie pour comprendre *ipso facto* qu'ils pataugent dans le néant verbal. L'évidence, c'est qu'on ne pourra pas définir la psychothérapie qui serait, sous l'angle d'un traitement, une méthode permettant de corriger un état de nature qualitative (comme l'anxiété) ou quantitative (comme l'excès d'agressivité), tant qu'on n'aura pas une appréciation juste et effective de la nature et du fonctionnement des processus en cause dans le développement et l'adaptation de l'être humain. On ne pourra pas définir la psychothérapie tant qu'on n'aura pas mis au monde la psychologie.

La question [de la définition de la psy-

> chothérapie] n'est pas nouvelle et l'exercice n'est pas inusité. Mis à part la centaine de mémoires présentés par les psychologues pour la consultation menée par l'Ordre au cours des deux dernières années, un des animateurs de cet atelier, John J. Gosselin a recensé pas moins de 313 études effectuées depuis 30 ans sur la définition de la psychothérapie. [...] Malgré tout, il semble y avoir autant de nouveau à dire sur le sujet que tout ce qui a déjà été écrit. Bonne illustration de la complexité de la tâche. [...] Il faudra mesurer les conséquences d'une définition sur la pratique et ses effets sur le marché... (*Psychologie Québec,* janvier 1995.)

Exemple de manie dubitative et tautologique : définir la psychothérapie comme « un traitement utilisant des outils psychologiques et qui vise à réaliser un changement ». On en est là. Dire de la psychothérapie que c'est de la psychothérapie. Depuis le tout début de la psychologie, les psy tournent en rond.

Alfred Binet, créateur du premier test d'aptitudes, arguait que l'intelligence était mesurée par son test. Et quand on lui demandait ce que son test mesurait vraiment, le finaud répondait « l'intelligence » ! En vérité, l'intelligence, c'était Binet lui-même, dans sa capacité d'être sérieux avec autant de cynisme.

La forme circulaire de cette argumentation s'est répandue dans toutes les écoles de la psy dite « scientifique ». Elle est devenue la base de toutes les rhétoriques psy. La tautologie, cette manœuvre mentale qui consiste à définir le même par le même, est un mécanisme essentiel de l'idéologie psy. La tautologie, c'est expliquer une situation en invoquant l'évidence. Votre douce moitié vous fait rager ? Matraquez-la d'un « toi, t'es bien une fille ! » bien placé et elle manquera inévitablement d'arguments. La tautologie, comme le souligne Roland Barthes dans ses *Mythologies*, tue le langage parce que le langage nous trahit et elle tue le rationnel parce que celui-ci nous résiste. L'idéologie psy est une vaste tautologie. Ce qui, au demeurant, relève du pléonasme. Comment peut-on demander à des individus ayant des intérêts économiques liés à la nature de la définition d'un acte de définir cet acte ?

> Mise en forme psychologique. Depuis 15 ans, le Centre de mise en forme psychologique a aidé des milliers de personnes à trouver la voie du bonheur et de l'épanouissement personnel. Le Centre offre des sessions affectives de 5 jours pour apprendre à : voir plus clair dans votre vie, découvrir l'origine du stress, augmenter votre confiance, comprendre vos blocages, dominer vos dépendances, ne plus vous laisser dominer par vos peurs,

> provoquer des événements dans votre vie, transformer vos relations, puiser dans Votre Vraie Force Intérieure (Publicité parue dans *Le Journal de Montréal,* 6 septembre 1994).

Autre exemple édifiant : le psychanalyste Lacan. Peu de temps avant sa mort, le grand maître français se plaisait à répéter à ses disciples que s'ils avaient compris quelque chose à ses propos, c'était probablement qu'ils n'avaient rien compris du tout. Comprendre, dans la béance de la signification psy, c'est faire abstraction de l'irréductible fracture entre le mot et la chose. En d'autres termes, selon Lacan, la pierre n'est pas cette chose contre laquelle je bute, mais bien davantage cet apôtre sur lequel je construis mon Église. Et c'est ça qui ferait tellement mal. Et c'est ça qui angoisserait. Et c'est ça qui rendrait fou. Seuls les mots peuvent traduire la réalité, mais en la traduisant, ils filoutent la réalité, ils la contournent, ils s'en approchent sans l'atteindre vraiment. D'où l'extraordinaire popularité du « t'sais veux dire », si commode dans les pires moments de notre angoisse existentielle. On le voit bien, le grand Lacan, ça se résume.

> Ce qui rend nécessaire la dénonciation du lacanisme, c'est qu'il fait apparaître, pour parler le langage de son promoteur, que le stalinisme n'a pas seulement son couvert mis à la table de l'histoire mondiale. À sa manière, et à

> une échelle sans doute réduite, il représente le même phénomène d'inversion : des hommes adhèrent à une doctrine, à une organisation, mais d'abord à un homme, à un autre dont ils attendent tout, et ainsi ils travaillent à leur négation, ils font le contraire de ce qu'ils voulaient et croyaient faire (François Georges, *L'Effet 'yau de poêle de Lacan et des lacaniens*).

Le fait est que la culture psy a eu besoin de la psychanalyse pour s'imposer parmi les intellectuels. Comme tous les intellectuels sont des êtres profondément coincés, mais en même temps franchement portés sur la chose, le seul canular psy susceptible de les confondre devait assimiler le cul et la parole, si possible dans une philosophie étriquée laissant toute la place à une moralité de la perversion. C'est fou ce qu'on s'est suicidé dans l'entourage de Freud pour des jeux de mots mal placés. Or, l'intellectuel tient aux mots comme à la prunelle de ses yeux. Je dirais même plus, il les prend au pied de la lettre.

Encore aujourd'hui, la psychanalyse terrorise l'intellectuel. C'est son dernier tabou. Parce que les mots sont de la merde, l'intellectuel a toujours peur de salir le fond de son pantalon. Ce n'est pas moi qui le dis, c'est Freud. Avec le génie qui les caractérisait, les premiers psychanalystes remarquèrent rapidement la coïncidence entre la capacité de rétention des excréments chez l'enfant et l'apparition des premiers mots. Dès lors, le compte des intellos était bon. Avec la psychanalyse, les intellectuels furent entraînés dans un interminable et glissant dérapage entre la constipation-admiration et la diarrhée-rumination à l'égard de la psy. La psychanalyse est une énigme pour les intellectuels et elle le restera toujours. L'intellectuel n'a pas maîtrisé le sphinx parce que la clé de son énigme n'est pas dans le sens des mots mais plutôt dans le « comment dire ? ». Les intellectuels ne sont donc pas d'un grand secours face à l'intégrisme psy. Et la psychanalyse est un grand morceau de toute la psy. Peut-être est-elle aussi, parce qu'elle est la plus sérieusement fouillée de toutes les doctrines psy, la plus prodigieuse supercherie.

> L'avenir de la psychanalyse comme science de la personnalité, de ses troubles et de leur traitement dépendra de la volonté de ses adeptes de ne pas se contenter d'une « méthodologie de l'invérifiable », de ne pas se soustraire à ces problèmes en se réfugiant dans un « ailleurs » jamais explicité et se dérobant à l'épreuve des faits (W. Huber, *Introduction à la psychologie de la personnalité*).

On peut faire l'exercice de ce désamorçage avec toutes les doctrines dites « scientifiques » de la psy, ces fameux principes généralement reconnus par les corporations professionnelles de psy. Avec le behaviorisme, par exemple. Le behaviorisme est cette approche en psychologie qui modèle les comportements à partir de techniques jouant sur les habitudes. L'immersion : plonger le phobique des araignées dans une pièce remplie de ces bestioles. La désensibilisation : placer un obsessionnel-compulsif en état de relaxation et lui faire visualiser une situation où il ne peut pas se laver les mains à répétition pour atténuer son angoisse. En somme, toute technique provenant de l'observation du rat apprenant à appuyer sur une manette de sa cage électrifiée pour éviter le choc administré par un psy en sarrau blanc. Skinner affirmait que la meilleure façon de comprendre l'esprit humain consistait à admettre son inexistence et à le considérer tout bonnement comme un succédané de l'acte. Même la pensée se résumerait alors à des paroles répétées à voix basse. Eh oui, nous ne sommes que de pauvres dictaphones !

> En fait, le behaviorisme a remplacé l'erreur anthropomorphique qui attribuait aux animaux les facultés et les sentiments de l'homme par l'erreur opposée qui nie les facultés humaines parce qu'on ne les trouve pas chez les animaux inférieurs ; il a substitué à la conception anthropomorphique du rat une vision ratomorphique de

l'homme. Il a même débaptisé la psychologie – ce mot grec évoquant l'âme – pour en faire la « science du comportement » (Arthur Koestler, *Le Cheval dans la locomotive*).

Quant à Carl Rogers, ténor de l'approche non-directive, fort populaire dans les années 70, il avait comme précepte le non-désir du thérapeute, son non-engagement, sa bienveillante irresponsabilité. C'est cette même approche qui donna naissance aux techniques scientifiques d'entrevue, à cette attitude de zombie désarticulé, de cacatoès allumé, de convulsé de la nature chaude, si chère à tous les psy, et reprise en chœur dans la psy-pop. Savoir écouter soit, mais pourquoi vouloir à tout prix faire croire qu'on a perdu le contact avec sa propre nature ? Pourquoi laisser entendre que, par la seule force de sa volonté et de sa formation professionnelle, le psy peut se tenir en retrait des événements ? Autre paradoxe psy à la Carl Rogers : c'est en intervenant le moins possible qu'on obtient un maximum d'effet. Sorte de théorie des catastrophes appliquée à l'absence de moyens. Rien ne marche sauf l'inaction. C'est quand il se rend inutile que le psy atteint son utilité maximum. Entropie idéologique. Bien d'accord !

Toute la psy professionnelle se résume plus ou moins à une application quelconque, pure ou hybride, des trois approches élaborées par Freud, Skinner et

Rogers. La matière et le contenu des discours se raffinent avec le temps. On y mélange maintenant l'intelligence artificielle et tout un opéra physiologique. Mais ça revient toujours sensiblement au même. Les contradictions persistent. C'est aussi faible sous l'angle de la logique pure que d'un strict point de vue scientifique. Ça parle bien, mais ça ne prouve rien. On n'isole pas le fameux phénomène psychologique. Le cheval est dans la locomotive, dit Koestler, comme la recette est dans le pudding. La psy est dans le psy. Voilà pourquoi le psy, nu dans un baril, une lanterne à la main à la recherche de l'homme et de sa définition, tourne en rond.

Tout le monde tombe dans le panneau. À la une du cahier Santé du journal *La Presse*, le 29 mai 1994, une bombe éclate : on peut enfin voir les traumatismes psychologiques qui dorment dans la tête des gens ! Un appareil, le Bétar, permettrait de réveiller les traumatismes enfouis dans l'inconscient par l'action d'un bombardement sonore. Ces traumatismes seraient ensuite décelables par un relevé électro-encéphalographique. Sous la plume de Raymond Bernatchez, le plus grand quotidien français d'Amérique affronte le ridicule avec la grâce d'un Pavarotti relevant au pied levé Noureïev dans *Le Lac des cygnes*. Voir le traumatisme psychologique ! Ah ! le Fantasme avec un grand F ! L'apercevoir enfin.

Mais quelle foutue déception ! On se serait attendu à de la Panavision, minimum : brancher le malade sur le secteur et rien de moins que de voir apparaître à l'écran l'image de cette nourrice agressive administrant des corrections à un enfant d'âge préscolaire, ou celle de cette lubrique cousine réveillant d'intimes érections avant l'heure, ou celle encore de ce professeur injuste dévaluant par dépit une copie pourtant excellente.

Mais non. Rien de tout cela. Que des ondes sur le grand Bétar, cette nouvelle machine à sonder l'âme, ce nouveau joujou à créer du sens en forme de géodésie quadraphonique, cette nouvelle découverte d'un psy de Montréal. Et cette « jonction de la méthode scientifique et de l'intuition créatrice », comme le dit le journal, serait une percée psy révolutionnaire. Eh bien tant mieux ! Si c'est vrai, que les ordres professionnels psy émettent immédiatement une injonction sur toute pratique ne relevant pas du Bétar et qu'elles interrompent les actes professionnels de leurs membres. S'il est vrai que cette percée révolutionnaire est autre chose qu'un nouveau trou noir de la naïveté proverbiale des psy, je crie alléluia !

Mais quelle irréductible déception ! Dans les jours qui suivirent, la « découverte » n'a pas donné lieu au grand bouleversement clinique attendu. Telle qu'on l'avait présentée au peuple, cette trouvaille avait au bas mot l'envergure de l'invention du microscope ou de la découverte du radium. Rien de moins. C'était faramineux. À moins que ce ne fût farineux, fragile, poreux comme le Fantasme avec un grand F. En réalité, ce sont les patients qui se souviennent et le Bétar qui les stimule, à moins que ce ne soit l'intérêt de participer à une expérience médiatique. Le fait que cette «recherche» soit entreprise par une entreprise privée, donc à but lucratif, ne semble inquiéter personne. On n'a plus la science qu'on avait. Mais le plus drôle, c'est la fantaisie de toucher, littéralement, l'événement psychologique.

Cette lubie-là est vieille comme le monde. Elle remonte à Aristote. Même en disséquant un cadavre et en constatant les faisceaux nerveux du cerveau, il y aura toujours des passionnés de l'origine cardiaque des nerfs. Même après Galilée. Même après Claude Bernard. On veut voir dans le corps le mal de l'esprit, et dans celui-ci la trace d'un événement traumatique. Petite question pour les promoteurs du Bétar : qu'est-ce qui permet d'établir un lien de nécessité, et donc d'interrelation, entre un événement évoqué dans une situation propice au flux imaginaire chez une personne, la réalité historique de cette personne et finalement le lien supputé entre un traumatisme inféré et les réactions physiologiques enregistrées parallèlement ? Comment isole-t-on l'action de toutes les variables concurrentes et, particulièrement, la plus importante, les attentes du thérapeute, soit l'envie de Psycho-Physio International (les promoteurs) que ça marche ? On veut isoler le traumatisme pour l'arracher, comme la prémolaire pourrie ? Eh bien, soit. Mais si, cela étant, on débranchait le patient ? Depuis un siècle, soit depuis qu'on connaît l'importance de la suggestion, de l'influence en somme, il n'y a rien de nouveau sous le soleil. On n'en sait pas plus. On court sur place. On veut guérir, pas convaincre. Tabou de psy : vouloir le bien de son patient.

Nommez-les, psychanalystes, behavioristes, humanistes, cognitivistes, expérimentalistes. On dirait une Yougoslavie intellectuelle, un Rwanda professionnel. Ils ont tous raison, ils ont tous tort. Pendant qu'ils s'obstinent à remâcher leur méli-mélo intégriste, ils se donnent rendez-vous pour en rire au prochain cocktail du doyen. La psy professionnelle est une farce, la psy universitaire est une tragicomédie. Et contrairement à ce qui se passe en matière de population, la race qui en émerge s'appauvrit en se diversifiant. Et c'est d'autant plus grave que la psy, en incluant ses bâtards, est la seule science humaine ayant donné naissance à une méthode clinique.

La première génération de professionnels de la psy a aujourd'hui 80 ans. Avant cela, la psy relevait de l'anarchie pour pervers polymorphes. Elle aurait dû le rester. Elle avait quelque chose de franchement scandaleux qui l'illuminait. L'accession à la reconnaissance professionnelle du psy demeure le pire fléau de ce siècle. Holocauste des âmes, cette reconnaissance est un grand Reich dont on ne voit pas encore le bout. Et pour cause ! Sans l'effort de la Seconde Guerre mondiale, à l'époque où l'on devait départager les fous ordinaires et les fous furieux, bien entendu pour poster les seconds sur le front, jamais le psy n'aurait obtenu cette reconnaissance. Va-t-on trouver le Schindler de ce désastre ?

Le psy professionnel est une création de la guerre. Et la guerre étant par principe une création de l'économie, le psy professionnel allait par la suite maintenir cette reconnaissance fragile en soutenant l'effort industriel. Depuis lors, le psy suit les courants : la guerre 39-45 et le baby-boom économique d'abord, puis la guerre froide avec ses études sur le contrôle social, l'autorité et les influences de groupe ; ensuite la révolution des années 60 avec l'orientalisme, la drogue, la sexualité libre ; puis la crise des ressources des années 70 avec les études sur l'apprentissage, le métissage des populations, l'immigration ; puis encore le début des crises économiques des années 80, où le psy traverse de sa pseudo-science la qualité dans l'entreprise, l'excellence, prétexte à tous les excès, à toutes les réformes, à toutes les compressions ; enfin les années 90, nouvel âge d'or de l'idéologie psy, où le psy lui-même, ayant miraculeusement survécu à toutes les époques précédentes, mais toujours avec l'indiscrétion veule d'un auditeur libre qui ne passe pas d'examen, se nomme et s'institue lui-même détenteur du sceptre de la connaissance universelle en matière de faits mentaux. Il devient l'objet de son propre discours. Le monde se réveille et clame : il a raison puisqu'il est psy !

Le monde a tort. Les faits de l'esprit se dérobent à tout le monde et encore plus, peut-être, à ce prétendu spécialiste qui a rompu avec le gros bon sens populaire. Toutes les disciplines qui se respectent accordent une attention maladive à l'épistémologie. Pourquoi ? Parce que l'épistémologie pose deux questions fort simples : (1) qu'est-ce que je fais ? (2) quelle valeur intrinsèque cela a-t-il ? Et le grand Piaget mort, seul véritable malade d'épistémologie de la psy, en bon biologiste qu'il était, personne n'a pris le relais.

Au début des années 90, le directeur des programmes de premier cycle de l'Université de Montréal recevait une pétition de 30 noms d'étudiants revendiquant un cours d'épistémologie de la psychologie. Comme personne parmi les professeurs réguliers n'avait envie de donner ce cours, on m'en confia la tâche. Je me rendis compte alors non seulement que le cours d'épistémologie n'avait pas été donné depuis au moins dix ans, mais qu'en plus on avait perdu toute trace de son contenu pédagogique. Tout au plus subsistaient 10 lignes, en guise d'épitaphe, dans le manuel descriptif : ci-gît l'épistémologie, dont on n'a rien à foutre. L'année suivante, sans pétition, le cours fut aboli.

Bien sûr, le discours officiel du psy consiste à dire que toute l'épistémologie traverse de part en part son cursus, que chaque professeur en enseigne un petit bout. Pourtant, ce n'est pas ce que je retire de mon expérience d'étudiant, de professionnel et de professeur. Ou alors ce n'est pas de niveau. Ce n'est pas du niveau d'une profession qui joue chèrement dans la tête des gens. Le psy est un autodidacte de l'épistémologie ; voilà la vérité. On l'encourage même en ce sens. D'où la prolifération d'instituts privés offrant des formations complémentaires, des spécialités, des perfectionnements. Pourquoi perfectionner quand la base même de tout le système de formation est en porte-à-faux ? Aurait-on idée de lancer sur le marché un médicament au stade expérimental ? Pourtant, dans le monde de la psy, on soigne en expérimentant. Le pire, c'est que d'un psy à l'autre, on n'expérimente jamais la même chose. Dans les bureaux calfeutrés du labyrinthe universitaire, quelques maîtres transmettent le virus d'immunodéficience intellectuelle acquise. Bien entendu, ils sont de bonne foi. Comme toutes ces études qui démontrent éloquemment, depuis Eysenck, que peu importe le traitement, les psychothérapies se comparent en efficacité, et qu'en cette matière l'ingrédient actif, c'est sans doute la confiance dans le sorcier.

Pour comprendre la valeur d'un projet professionnel, il faut le pousser jusqu'à l'absurde; c'est seulement dans l'extrême d'un tel projet qu'on saisit la vraie nature et la pertinence de son déploiement. La fin de la médecine, c'est la santé et la vie éternelle. La fin de la psy, telle que le laisse entendre l'idéologie psy, c'est le bonheur et l'harmonie sans fin. Dans le premier cas, on comprend le besoin. Dans le second, on perçoit toute la fourberie. Le psy n'a aucune utilité réelle parce qu'il n'agit pas sur la réalité. Le psy jongle avec des vérités. Et, le soir venu, quand le psy démaquille lentement le masque de ses facéties pseudo-scientifiques, il laisse échapper un rictus qui en dit long. Le psy n'est pas toujours fier de lui. Le psy en a marre du psy. Mais comment se sécher tout en nageant au milieu du lac?

10

Les psy en ont marre des psy

Les psy ont perdu le nord; la culture psy les dépasse. La psy est une star dont on s'étonne qu'elle ait si peu de talent après avoir fait mousser sa popularité, dans une orgie de marketing intello-chiant, sans se soucier de sa capacité à la soutenir. La psy professionnelle a les bras trop longs et le corps trop court, marquée par une adolescence ingrate, alors qu'on la voudrait promise à la réussite dans le merveilleux monde des *top model.* La psy est si peu de choses par rapport à la culture psy. Et que dire encore des psy eux-mêmes! Ils se vomissent mutuellement. En fantasme bien sûr, parce que, sur le plan des mondanités, ils s'imposent le respect (inconditionnel). Les psy ne se supportent plus entre eux. Chaque psy a du mal à se supporter lui-même. Juste retour des choses dans ce merveilleux monde où l'on a perdu le sens de l'engueulade et, par le fait même, celui de la sainte utilité du désordre. On assiste également à une prise de conscience vigoureuse face à la montée de l'intégrisme psy. Ironiquement, le mouvement d'opposition vient souvent des psy eux-mêmes.

Quant à la question de savoir si, globalement, la présence des psy sur la scène des médias (électroniques surtout) contribue à rendre les gens plus réceptifs à eux-mêmes, je dirais que le bilan est franchement négatif. Qu'on me comprenne bien. Je ne songe pas un instant à mettre en doute l'intérêt, la valeur et l'utilité de l'effort vulgarisateur – qui, soit dit en passant, n'est pas à la portée de chacun, tant s'en faut. J'affirme seulement que la plupart de ces prestations (à visée strictement publicitaire) n'en sont que la caricature, et qu'elles ne font qu'ajouter à cette affligeante psychologisation de la vie quotidienne où chacun trouve à conforter ses défenses. À force d'y être exposé, le citoyen ordinaire va désormais voir son psy armé de l'illusion d'en savoir déjà un bout... Tout le gain

> est là (Luis Carlos Fernandez, psychologue, opinion libre, *Le Devoir,* 21 mars 1991).

> On vit dans une société psychiatrique, qui a remplacé la religion par la science, le bien et le mal par des maladies. Ce sont les psychiatres qui déterminent ce que sont nos péchés. Parcourez le DSM[1]: reste-t-il quelque chose qui ne soit pas une maladie mentale ? (David Cohen, psychiatre, *L'actualité,* janvier 1994.)

> Nous travaillons constamment sur nos relations, nos sentiments et nos pensées, mais observez le résultat. Il n'en résulte qu'un monde en dégénérescence. Je crois que nous connaissons une période de déclin incroyable. Pourquoi les gens intelligents, sensibles – à tout le moins ceux de la classe moyenne – sont-ils si passifs ? Parce qu'ils sont tous en thérapie ! (Entretien avec James Hillman, psychologue, *Elle Québec,* mars 1994.)

Les psy souffrent donc manifestement de leur image, de cette grandiloquente illustration d'esbroufe, de cette poudre jetée à l'œil du simple citoyen. S'ils sont eux-mêmes mal à l'aise d'être ce qu'ils sont, c'est sans doute

1. *Diagnostic and Statistical Manual of Mental Disorders,* bible destinée aux professionnels de la santé et servant au diagnostic en matière psychiatrique.

que le couvercle de la marmite danse joyeusement. Rare qu'on se tire dans le pied. Ne poussons pas la naïveté jusqu'à croire que cette attitude participe du sens aiguisé de l'autocritique dont le psy saurait faire preuve. Les psy ne font jamais abstraction de leurs intérêts premiers, pas plus que la moyenne des gens. L'imagerie qu'ils ont développée laisse entendre qu'ils incarneraient, de par les techniques auxquelles ils se sont eux-mêmes soumis, un genre nouveau d'humanoïde parfaitement capable de scinder en lui, par la force de l'esprit, la bête et l'ange. Cela n'arrive jamais. Tout le monde est égal devant Dieu. Et certains, dont les psy, sont plus égaux que d'autres. On n'y échappe pas.

Les psy sont responsables de ce qui leur arrive. La psychologie ne se développe plus, dans ses fondements, depuis les quarante dernières années. Les grands modèles théoriques sont morts et on ne les remplace pas. Au lieu de bosser sur les fondations, on trime sur les portes du salon. Les psy se mirent dans la culture psy. Ils se satisfont béatement de cette propagation dangereuse de l'idéologie psy à toutes les sphères de la société. Ils rêvent de prendre une place toujours plus importante sur l'échiquier social, une place usurpée s'il en est une. Ils ont perdu de vue le fait que la psy doit être subversive dans son essence et qu'elle perd toute raison d'être lorsqu'elle devient une autre forme éculée d'adaptation sociale. Faire de la psy la référence privilégiée d'adaptation à la société, en faire une ode à la bonne manière d'aimer et de se comporter, consiste à laisser la proie pour l'ombre.

Bien entendu, les psy ne sont ni meilleurs ni pires que n'importe qui. Leurs conditions de travail sont souvent difficiles et leur rémunération est peu élevée en regard d'autres professions. Leurs études sont longues. Ils se soumettent pour la plupart à des stages éprouvants. Ils obtiennent peu de reconnaissance pour leurs efforts. On entend parler des psy surtout quand ils se trompent, lorsque le syndic de leur corporation les pourchasse. Un bon psy, c'est celui qui s'efface devant la reprise d'autonomie de ceux qu'il a aidé. La psy est aussi décriée qu'idolâtrée.

Mais ça ne donne pas au psy le droit d'exiger un statut que le sous-développement de sa science ne justifie pas. Ça ne lui confère ni le droit, ni l'autorité, d'imposer ses métaphoriques synthèses de concepts comme idéal de fonctionnement social. Plutôt que de combattre les moulins à vent du charlatanisme psy-pop, plutôt que de sourire prétentieusement devant l'aberrante simplicité des charlatans non patentés, plutôt que de tirer de tout cela une notoriété de bigot, les psy doivent refaire leurs classes et remettre de l'ordre dans le fouillis de leur discipline.

> Un pareil engouement, c'est très positif pour nous, sauf qu'il y a des limites. C'est rendu à un point où les gens s'imaginent qu'avec quelques recettes, ils vont pouvoir s'autoanalyser, s'autodiagnostiquer et s'autoguérir. L'autre danger, c'est de penser qu'on peut simplifier des problèmes complexes (Michel Sabourin, ex-président de l'Ordre des psychologues du Québec, propos rapportés par Nathalie Collard dans *Voir* du 24 février au 2 mars).

Que répondre à Michel Sabourin sinon que lui et ses membres sont responsables de ce qui leur arrive et du vent d'idéologie psy qui déferle sur la société québécoise. Ils sont responsables au premier chef de l'aberrante obsession psy qui afflige la population. Ils en sont responsables parce qu'ils sont paresseux ou dépassés par le développement des autres sciences : la biologie, la pharmacologie, le génie. À eux de choisir les raisons de leur inertie. Courir sur place, c'est courir quand même, mais on ne va nulle part. Les psy voudraient bien avoir l'air de marathoniens, mais ils sont des champions de danse aérobic. Ils ont créé le mal. Ce mal ne vient pas toujours de l'extérieur, de cet invisible ennemi, de l'ombre jaune du charlatanisme. Ils ont beau jouer les flics et faire les gorges chaudes devant les bouffonneries psy-pop, ils cautionnent ce mal qu'ils dénoncent par leur incapacité à répondre clairement à des questions précises. Et puis, on ne peut pas faire le jeu du marketing corporatiste à grand renfort de formules creuses et de campagnes publicitaires, pour ensuite jouer les vierges offensées quand on laisse échapper les rennes de la carriole. Leur *nomenklatura* universitaire s'endort, leurs professionnels jouent les chefs de gare. Et ça déraille dans nos campagnes.

Parmi les membres du sérail psy, entendons ici ceux de la caste, les purs, les durs, les patentés, les reconnus, les psy professionnels, on peut distinguer ceux qui croient, ceux qui croient croire, ceux qui croa-croa, comme disait Prévert. S'ils commencent à s'inquiéter des ravages de l'idéologie psy, ils devraient au minimum avoir le courage de leurs émotions. Dans une telle situation, difficile de sauver chèvre et chou. Ou bien on approuve l'idéologie psy, on bien on la dénonce. Il n'y a pas de demi-mesure. Que les psy se rangent dans un camp ou dans l'autre et on ne verra qu'un peu plus clair dans la purée de pois de la psy à tous crins. D'ailleurs, tout est une question d'identité. Le psy n'a pas d'identité en tant que telle parce que la psy est le contraire d'une discipline. Discipline, étymologiquement, signifie punition, ravage, douleur. C'est une règle de conduite applicable à soi-même. Le psy ne souffre pas. Il fait souffrir les autres en prétendant qu'un mieux-être en émerge. Ce qu'il faut néanmoins retenir, c'est que la psy a pour objet un sujet, une personne, l'esprit de cette personne. C'est l'esprit de cette personne qui s'étudie lui-même, comme ce dessin d'Escher d'une main s'autodessinant. Il n'y a rien de comparable dans toute la science. Le psy cherche donc des subterfuges, des raccourcis, des petites fraudes pour laisser entendre que sa science est une science comme les autres. Mais sa connaissance est cette chose immatérielle, la pensée, issue du fonctionnement cérébral, qui crée toutes les sciences. Peut-on, alors, vraiment parler de science ? Et s'il n'y a pas de science, peut-on parler de pratique professionnelle ?

La culture psy traverse tous les courants, toutes les strates de la société, tous les champs d'intérêt. La psy-pop est un lieu évident de son expression parce qu'elle condense de manière ultracaricaturale les formes de la pensée psy officielle, dite « sérieuse ». En voici quelques exemples :

> – [La patiente] Je n'ai pas envie d'avoir à penser tout le temps, cria-t-elle. Je ne suis pas venue ici pour rendre ma vie plus difficile. Je veux pouvoir être décontractée et m'amuser. Vous attendez de moi que je sois une espèce de Dieu ou quoi ?
>
> [Le thérapeute] C'est triste à dire, mais cette femme, qui avait un grand potentiel, arrêta sa thérapie, bien loin d'être guérie, terrifiée devant les exigences

que la santé mentale lui aurait imposées (Scott Peck, *Le Chemin le moins fréquenté*).

– Tu verras par la suite que cette force attractive se cache ailleurs, à savoir dans les pensées qui, consciemment ou inconsciemment, entourent l'objet perdu et l'attirent en quelque sorte dans le maelström de leurs tourbillons magnétiques. Même l'observation superficielle nous permet de nous rendre compte que de nombreux hasards ne sont que l'extériorisation d'événements inconscients de l'âme, peut-être l'effet extérieur de la transmission de pensée. Il en est ainsi lorsque je pense à un ami qui vient effectivement à moi quelques instants plus tard, ou lorsque j'ai besoin d'une certaine somme et qu'elle arrive à point nommé (K. O. Schmidt, *Le hasard n'existe pas*).

Une autre façon de protéger votre enfant intérieur consiste à vous laisser guider par l'adulte en vous afin de trouver pour cet enfant de nouvelles sources de nourriture spirituelle, que j'appelle «mes nouvelles mères» et «mes nouveaux pères». Il est d'une importance décisive que ce soit votre adulte qui les trouve, et non votre enfant intérieur blessé (John Bradshaw, *Retrouver l'enfant en soi*).

Catalogue d'atelier : *L'Argent et l'Abondance* (prix 195 $, dépôt 50 $) ; *S'abandonner* (prix 195 $, dépôt 50 $) ; *Le Langage des couleurs* (prix 195 $, dépôt 50 $) ; *Créer un couple idéal* (prix 195 $, dépôt 50 $) ; *Écoute ton âme* (prix 295 $, dépôt 75 $) ; *Autonomie affective* (prix 195 $, dépôt 50 $) ; *Vendre sans peur et avec cœur* (prix 350 $, dépôt 75 $) ; *Retrouver sa raison d'être* (prix 195 $, dépôt 50 $) ; *Repos et Jeûne* (prix 375 $ – 495 $ – 650 $ [selon le nombre de repas ?]) ; *Se faire dorloter* (prix 225 $, dépôt 50 $) (Centre de santé et de développement personnel Écoute ton corps, programme 1994-1995).

En général, c'est contre le genre d'élucubrations qui précèdent que les psy sérieux s'élèvent en bloc. En général, c'est contre la pratique occulte que ces discours instituent qu'ils réagissent. Je dis « en général », parce que les vrais psy, comme on le sait maintenant, vont parfois jouer dans les mêmes plates-bandes. Ils y vont, furtifs, jusqu'à la première remontrance de leur corps professionnel. Dur, dur d'être un vrai psy. Non ?

Le seul constat possible, aujourd'hui, consiste à dire que l'idéologie psy est en train de venir à bout de la psychologie. De prometteuse qu'elle était, la psychologie disparaît graduellement. Elle ne se renouvelle pas. Elle a rompu avec la philosophie qui la nourrissait. Elle est devenue professionnelle trop tôt. Elle se dilue, ce qui n'est pas peu dire pour un aussi faible concentré, dans les tortueuses applications d'une infinité de travailleurs de la psy : psychologue et psychiatre bien sûr, mais aussi criminologue, travailleur social, infirmier, ergothérapeute, psychorééducateur, enseignant, puériculteur, spécialiste en relations industrielles, psychotechnicien, médiateur familial, orthophoniste, etc. Tous font de la psy. Tous vivent, en tout ou en partie, de la psy. Contre les institutions professionnelles, véhicules par excellence de l'idéologie, je prends donc le parti de la psychologie elle-même. Et contre la technique, je prends celui de la méthode.

La psychologie, et tout ce qui en découle, existe au Québec grâce à Noël Mailloux, un dominicain qui monta jadis sur les barricades érigées contre le duplessisme, avec ses amis les pères Lévesque et Charbonneau. Curieusement, la psy québécoise, comme le syndicalisme, a été inaugurée dans la religion. Pourtant, et quant à elle, jamais la psychologie n'a été aussi intégriste, jamais l'idéologie psy n'a été aussi virulente que de nos jours. La seconde aurait-elle remplacé la première ? L'interprétation a été de nombreuses fois reprise. Les psy sont les nouveaux curés d'un dogme fallacieux. À l'époque du père Mailloux, la psy se réfléchissait. Aujourd'hui, elle se mire. On n'y pense plus, on l'agit. À ces honorables dingues de la rigueur scientifique a succédé toute une génération de yuppies de l'introspection, plus pressés de faire fructifier la technique et d'obtenir la reconnaissance sociale que de mettre au monde une méthode.

La peste psy est née de la religion, dans la religion. La pratique chrétienne à peu près disparue, on n'avait pas prévu que la psy prendrait sa place. Rien d'étonnant, donc, à ce que tous les débats entre psy, officiels ou officieux, patentés ou charlatans, mettent en cause le sujet de la foi. La culture psy n'est rien, sinon l'inoculation subtile d'une croyance. La croyance que rien ne se perd et rien ne se crée dans l'autocontemplation de la civilisation psy. La certitude que la vie, la vraie, passe par les prévisibles formules de l'écologie mentale. Et que vivre en marge de tout ça est absolument dangereux. Et que la qualité de la vie dépend de la saturation de notre existence par tout ce qui, de près ou de loin, relève de la psy. Et que tout ce qui lui fait obstacle, comme la télévision par exemple, est diabolique, sulfureux, pervers. Et que le danger n'est pas réel, mais métaphorique. Et que la misère, la pauvreté, la corruption, la maladie, la malnutrition ne sont pas, au premier chef, les ingrédients des problèmes sociaux. Et que le fond humain est ou totalement bon, ou totalement mauvais.

L'idéologie psy est une intelligente

récupération de notre difficulté foncière à prendre plaisir à vivre tout en acceptant de mourir. Ça fait plein de gens heureux qui vont en thérapie pour devenir lucides. Ça fait rouler l'économie. Ça nous empoisonne la vie. Ça fait des morts vivants qui se font les dents sur le squelette du temps qui passe.

Épilogue

On pourrait dire que la science est un mode de connaissance critique. Le qualificatif « critique » doit être entendu ici en un double sens: il indique, d'une part, que la science exerce un contrôle vigilant sur ses propres démarches et met en œuvre des critères précis de validation, d'autre part, qu'elle élabore des méthodes qui lui permettent d'étendre de façon systématique le champ de son savoir. La démarche scientifique est à la fois réflexive et prospective.

JEAN LADRIÈRE.

Je suis le bâtard d'un embryon de science. Je suis l'apatride d'une profession qui se cherche. Je suis venu à la psychologie, comme tout le monde, par intérêt pour le mystère. D'abord formé à la discipline de la recherche, puis initié à la clinique et à la consultation, cet intérêt pour le mystère était partagé par cette société qui a un urgent besoin de sorciers. Puis, il y a eu rupture, dit-on, entre ce que, sagement, mes professeurs m'enseignèrent, c'est-à-dire la juste reconnaissance de la pauvreté de ce savoir psychologique, et, d'autre part, l'ambitieuse inflation d'une profession qui ne se maîtrise plus. Comme tous les psy, j'y vais maintenant à tâtons.

La nécessité d'être utile n'excuse pas la prétention frauduleuse de l'être. Depuis quarante ans, les bouleversements sociaux et l'éclatement des communications ont créé, dans la population, l'anticipation fébrile d'un contrôle efficace de la déviance par la science. Nous nous sommes pris à l'intérêt du jeu. Les conséquences sont lourdes. Après le développement de l'humanisme en matière de traitement de la misère humaine, après Pinel et après Freud, ce sont aujourd'hui la pharmacologie, la chirurgie et l'enfermement qui refont surface. Pourquoi ? Parce qu'on a grandement surestimé les possibilités d'application de la psychologie.

> C'est de l'action des psychotropes qu'est venue, pour une grande part, l'accréditation large des doctrines repoussant l'organogénèse des maladies mentales. La psychiatrie biologique, pourrait-on dire, a fait le jeu de son adversaire en plus du sien. Le paradoxe, c'est qu'un progrès de la puissance sur le corps a produit l'expansion d'une croyance dans les pou-

voirs de l'âme (Gladys Swain, *Dialogue avec l'insensé*).

À l'inverse de nos prétentions professionnelles, nos résultats dans l'observation, la compréhension, l'explication et la prévision du comportement humain sont extrêmement pauvres. Le psy ne dispose d'aucun modèle épistémologique soudé à son objet d'étude, c'est-à-dire le comportement humain sous sa dimension proprement psychologique, et il persévère dans l'emprunt, tantôt à la biologie, tantôt au spiritualisme. Nous sommes de beaux parleurs et de petits faiseurs parce qu'en cette fin de siècle « morosifiée » par l'appauvrissement général, le déclin de l'Occident et la montée de l'intégrisme religieux dans les pays du Tiers-Monde, la classe moyenne en appelle à sa sécurité, à l'ordre et à la tradition. La classe moyenne en appelle à cette pureté, que Bernard-Henri Lévy, clairvoyant, assimile au danger.

Je suis donc l'orphelin d'une autre idéologie, de cette idéologie qui prétend que l'adaptation ne change pas le monde. Et si l'espèce humaine ne progressait qu'à travers la technique et qu'en toute autre matière se répétait inlassablement le grand cycle historique qui va de la tolérance la plus large à l'intolérance la plus crasse ? Et si, lorsque se pose le choix ultime des intérêts et de la propriété, la psy n'avait vraiment plus rien à offrir ? Et si, lorsqu'il est question de défendre son bungalow contre l'invasion de la misère, le ras-le-bol aseptique devenait, aux yeux des gens normaux et adaptés, une nouvelle forme d'équilibre émotif ? On l'a vu en France, il y a de cela quelques années, avec le mouvement Légitime défense. Par une nuit de chats gris, un honnête travailleur a tué son fils, le prenant pour un voleur.

La conclusion s'impose d'elle-même. La psy est l'ombre d'une proie qui n'existe pas parce qu'elle est strictement discursive. Paradoxalement, l'idéologie qu'elle soutient nous prépare lentement, mais sûrement, à travers les modes fumantes qui la caractérisent depuis un demi-siècle, au retour en force d'un pouvoir politique qui ne discute plus…

Bibliographie

Essais

Le Syndrome postréférendaire, ouvrage collectif, Montréal, Les Éditions Alain Stanké, 1989, 156 p.

« Le corps surnaturé », *Autrement,* Paris, Éditions Autrement / Cité des sciences et de l'industrie, nº 4, avril 1992, 205 p.

« La naissance de la psychanalyse à Montréal » *Frayages,* Paris, Société d'éditions Frayages, 1987, 152 p.

Alberoni, Francesco, *Le Choc amoureux,* Paris, Éditions Ramsay, 1981, 185 p.

Baret, Guy, *Allô maman Dolto : halte à la doltomania !,* Paris, Éditions Régine Desforges, 1992, 117 p.

Beauvois, Jean-Léon, *Traité de la servitude libérale,* Paris, Dunod, 1994, 247 p.

Bouderlique, Max, *Sectes : les manipulations mentales,* Lyon, Chronique Sociale, 1994, 121 p.

Boudon, Raymond, *L'Art de se persuader : des idées douteuses, fragiles ou fausses,* Paris, Librairie Arthème Fayard, 1990, 459p.

Brun, Caroline, *L'Irrationnel dans l'entreprise,* Paris, Éditions Balland, 1989, 223 p.

Chanlat, Jean-François, *L'Individu dans l'organisation : la dimension oubliée,* Québec, Les Presses de l'Université Laval, 1990, 842 p.

Dagognet, François, *Le Trouble,* Paris, Les Empêcheurs de penser en rond, 1994, 194 p.

Durandin, Guy, *L'Information, la Désinformation et la Réalité,* Paris, PUF, 1993, 296 p.

Eco, Umberto, *La Guerre du faux,* Paris, Éditions Grasset et Fasquelle, 1985, 382 p.

Georges, François, *L'Effet 'yau de poêle de Lacan et des lacaniens,* Paris, Hachette, 1979, 204 p.

Huber, W., *Introduction à la psychologie de la personnalité,* Bruxelles, Mardaga, 1977.

Kittrie, Nicholas N., *The Right to be Different,* New York, The John Hopkins Press, 1971, 443 p.

Koestler, Arthur, *Le Cheval dans la locomotive,* Paris, Calmann-Lévy, 1968, 345 p.

Lalande, André, *Vocabulaire technique et critique de la philosophie,* Presses Universitaires de France, 1991, 1324 p.

Legendre, Pierre, *Le Crime du caporal Lortie,* Paris, Librairie Arthème Fayard, 1989, 177 p.

Machiavel, Nicolas, *Le Prince et autres textes,* Paris, Éditions Gallimard, 1980, 473 p.

Magal, Hubert, *Touche pas à mon koteka : la journée d'un médecin psychiatre de quartier,* Paris, Éditions Payot et Rivages, 1993, 336 p.

McLuhan, Marshall, *Understanding Media : The Extensions of Man,* New York, Mentor Book, 1964, 318 p.

Mendel, Gérard, *Pour décoloniser l'enfant,* Paris, Payot, 1971, 261 p.

Montmollin, Maurice de, *Les Psychopitres,* Paris, Presses Universitaires de France, 1972, 158 p.

Mueller, Fernand-Lucien, *Histoire de la psychologie,* tomes 1 et 2, Paris, Payot, 1976, 562 p.

Meyer, Philippe, *L'Enfant et la Raison d'État,* Paris, Éditions du Seuil, 1977, 185 p.

Pauvert, Mathias, *Amour Sexe : le bouquin,* Paris, Les Belles lettres, 1993, 432 p.

Perrier, François, *Voyages extraordinaires en Translacanie,* 2e édition, Paris, Lieu Commun, 1985, 190 p.

Pire, François, *Questions de psychologie,* Bruxelles, De Boeck-Wesmael s. a., 1994, 249 p.

Sfez, Lucien, *Critique de la communication,* Paris, Éditions du Seuil, 1992, 527 p.

Swain, Gladys, *Dialogue avec l'insensé : à la recherche d'une autre histoire de la folie,* Paris, Gallimard, 1994, 283 p.

Szasz, Thomas, *Karl Krauss et les Docteurs de l'âme,* Paris, Hachette, 1985, 225 p.

Vaneigem, Raoul, *Traité de savoir-vivre à l'usage des jeunes générations,* 2e édition, Paris, Gallimard, 1992, 361 p.

Wolton, Dominique, *Éloge du grand public,* Paris, Seuil, collection « Champ ».

Yochelson, Samuel et Samenow, Stantov, *The Criminal Personality,* New York, Aronson, 1976, 1116 p.

Ouvrages de référence

Encyclopædia Universalis

Internationale situationniste 1958-1969

Psy-pop

Bradshaw, John, *Retrouver l'enfant en soi,* Montréal, Le Jour Éditeur, 1992, 376 p.

Centre de santé et de développement personnel Écoute ton corps, programme 1994-1995.

Murphy, Joseph, *La Puissance de votre subconscient,* Montréal, Le Jour Éditeur, 1987, 251 p.

Peck, Scott, *Le Chemin le moins fréquenté,* Paris, Éditions Robert Laffont, 1987, 374 p.

Salomé, Jacques, *Parle-moi... j'ai des choses à te dire,* Montréal, Les Éditions de l'homme, 1982, 253 p.

Schmidt, K. O., *Le hasard n'existe pas,* Paris, Éditions Astra, 1956, 241 p.

Journaux

Le Devoir
Le Journal de Montréal
La Presse
Le Soleil
Voir

Revues

L'actualité
Elle Québec
Interface
New Age Journal
Psychologie Québec

Émissions télévisées

Avec un grand A (RQ)
Chambres en ville (TVA)
Comment ça va ? (RC)
Les Héritiers Duval (RC)
Les Machos (TVA)
Les Pieds dans les plats (RC)
M'aimes-tu ? (RC)
Santa Maria (RC)
Scoop (RC)
Sports plus extra (TQS)
Triplex (TQS)

Table des matières

COLLECTION « POUR EN FINIR AVEC »
DIRIGÉE PAR RICHARD MARTINEAU

Pour en finir avec les casse-cul,
André Ducharme

Pour en finir avec l'économisme,
Richard Langlois

Pour en finir avec les ennemis de la télévision,
Richard Martineau

Pour en finir avec l'excellence,
Hélène Pedneault

Pour en finir avec l'anti-américanisme,
Mario Roy

Mise en pages et typographie :
Les Éditions du Boréal

Achevé d'imprimer en mars 1995 sur les presses de
AGMV inc., à Cap-Saint-Ignace, Québec